메코시코주쿠 유학생 대학수험 총서

일본유학시험 (EJU) 실전문제집 전10회수록
이과
물리 Vol.1
PHYSICS

(주)해외교육사업단

監修	豊原 明（東京大学 PhD）
	馮 嘉卿（電気通信大学）

執筆	劉 志豪（早稲田大学大学院）
	魏 嘉昊（東京工業大学大学院）

校正	趙 仁楷（東京工業大学）
	程 柯棟（早稲田大学）

©2021 MEKO EDUCATION GROUP Co.,Ltd
All rights reserved. No part of this publication may be reproduced, stored in a retrieval system, or transmitted in any form or by any means, electronic, mechanical, photocopying, recording, or otherwise, without the prior written permission of the Publisher.
Published by MEKO EDUCATION GROUP Co.,Ltd
Dai-san Yamahiro Bldg. 2F, 4-1-1, Kita-Shinjuku, Shinjuku, Tokyo 169-0074, Japan
ISBN978-4-909907-05-9
First published 2021

머리말

일본유학시험(EJU)은 외국인 유학생이 일본의 대학에 입학함에 있어 일본어 및 기초학력 평가를 목적으로 2002년부터 실시하고 있는 시험입니다. 2024년 현재, 6월과 11월에 연 2회 실시하고 있으며 일본에서만이 아니고 아시아를 중심으로 많은 나라에서 수험할 수 있습니다.

일본유학시험의 시험과목은 일본어, 이과(물리・화학・생물), 종합과목과 수학으로 크게 4과목으로 나뉘어져 있으며 이과는 물리・화학・생물의 3과목에서 2과목을 선택하고, 수학은 코스1과 코스2 중에서 하나의 코스를 선택합니다. 각 과목의 시간배분은 일본어가 125분, 일본어 이외의 과목은 80분입니다. 배점은 일본어가 450점 만점, 다른 과목에 대해서는 각 200점 만점입니다. 각 과목에는 전문용어도 다수 쓰이고 있기 때문에 어휘력과 문제에 따라서는 독해력도 필요합니다.

메코시코주쿠에서는 일본유학시험의 경향, 분석 등의 연구를 평소 철저히 실시하고 있습니다. 본교에서 작성한 실전문제를 수업에 도입하였더니 실제 시험에서 고득점을 얻은 본교의 학생으로부터 "수업에서 푼 실전문제가 많은 도움이 되었다."라는 의견이 있었습니다. 그러한 경위로 한 사람이라도 더 많이, 일본유학시험을 수험하는 분들에게 힘이 되고 싶다는 생각에서 본 책을 출판하였습니다.

이 책은 과거 일본유학시험의 출제내용에 기초하여 작성하였고 각 과목마다 과거에 출제된 문제에 매우 가까운 내용으로 구성되어 있습니다. 난이도나 출제범위의 경향도 확실히 파악하고 매년 조금씩 변화해가는 경향에도 대처하고 있습니다. 또한, 해설에서는 문제의 요점을 명확하게 기재하고 있으므로 자신이 부족하다고 느끼는 지식이나 틀리기 쉬운 분야를 파악하기 쉽게 되어 있습니다.

학습에 있어서는 마크시트 출제형식에 익숙해지는 것과 더불어 틀린 문제는 반복해서 풀어보십시오. 단순히 암기하는 것만이 아니라 "왜 이러한 답이 되는가?", 해설을 참고하여 해답의 의미까지 확실하게 이해하는 것이 좋습니다.

이 책을 다루신 여러분이 실제 시험에서 고득점을 달성하여 목표로 하는 대학으로 진학하는 꿈을 실현할 수 있도록 마음 속 깊이 응원하고 있습니다.

2024년 2월

메코시코주쿠

이 책에 대하여

[이 책의 특징]

1. 실제 시험에 입각한 형식

　이 책에 수록되어 있는 10회분의 실전문제는 지금까지 출제된 과거의 물리 시험을 철저하게 연구하여 실제 시험과 같은 형식, 출제범위로 작성하였습니다. 그러한 이유로 이 책에 수록되어 있는 문제의 대응력을 익힘으로써 실제 시험에서도 당황하지 않고 제대로 해답할 수 있는 능력을 익힐 수 있습니다.

2. 엄선된 출제 포인트

　이 책에 수록된 10회분의 실전문제, 총 190개의 문제는 과거 물리과목의 시험 경향을 기초로 분야마다 문제 수나 출제 포인트가 설정되어 있습니다. 에너지와 운동량 또는 직류회로 같은 매우 빈번한 출제 포인트는 물론이고 이후 수년간 출제가 예상되는 교류회로와 소입자 또는 매년 계속 등장하는 새로운 형식과 항목의 문제까지 일본유학시험 물리과목의 출제형식에 맞춘 형태로 수록하고 있습니다. 이 책에 수록된 문제를 푸는 것을 통해 좋은 결과를 얻을 수 있게 되기를 바랍니다.

3. 풍부한 복습 포인트

　이 책의 문제를 해답한 후에는 책의 끝부분에 있는 해답·해설을 활용해 봅시다. 자신이 풀지 못했던 문제뿐만이 아니라, 풀 수 있었던 문제도 관련항목과 주의해야할 포인트가 모든 문제에 대해 기재되어 있으므로 그것을 바탕으로 더욱 지식을 쌓을 수가 있고 폭 넓은 출제 포인트에 대비할 수 있습니다.

[이 책의 사용법]

　물리에서 지정되고 있는 출제 범위의 학습이 끝났다면 우선은 실제 시험과 완전히 같은 제한시간으로 이 책의 실전문제를 풀어봅시다. 각 회의 실전문제의 표지 오른쪽 아래에 있는 QR코드로 Web페이지에 접속하면 해답용지가 표시됩니다.

　문제를 다 풀었다면 정답과 더불어 득점과 득점분포를 확인해 봅시다. 자신의 득점을 다른 수험생의 득점과 비교하는 것이 가능합니다. 자신의 학습 진척상황을 인식하기 위해 활용해 주십시오. 또한, 득점분포에 관해서는 일본유학시험과 마찬가지로 항목반응 이론을 사용한 득점등화를 실시하고 있으므로 실제 시험에 가까운 결과를 얻을 수 있습니다. 책의 끝부분에 있는 실제 시험과 같은 형식의 마크시트 해답용지가 있으므로 이용해 보십시오.

　득점을 확인했다면 자신의 득점에 일희일비하지 마시고 Web에서나 책의 끝부분에 있는 해답 · 해설을 이용하여 해답할 수 없었던 문제는 어째서 해답할 수 없었는지, 해답할 때 어떤 지식이 필요했는지를 확인해 보십시오. 추가로 정답인 부분에 대해서도 해답 · 해설에 관련된 항목 등이 기재되어 있으므로 자신의 지식을 쌓기 위해 확실하게 복습합시다. 그리고 여러 번 문제를 푸는 과정에서 자신의 강점인 분야, 약점인 분야를 파악하여 학습시간 배분을 정하는 것에 도움이 될 것입니다.

　이 책은 단순히 실전문제를 해답하고 끝나는 것이 아닙니다. 그 결과를 돌아보고 더 나아가서 지식을 쌓음으로써 진정한 가치를 얻을 수 있습니다.

　이 책의 문제를 여러 번 풀어 물리에 대한 대책에 만전을 기하신다면 여러분은 실제 시험에서도 반드시 좋은 결과를 낼 수 있을 것입니다!

　그럼, 힘내봅시다!

득점분포의 확인

● **STEP 1**

먼저 각 회의 실전문제 표지 오른쪽 아래에 있는 QR코드를 스마트폰으로 읽어냅니다.

● **STEP 2**

읽히게 되면 해답용지가 표시됩니다. 정답이라고 생각하는 번호를 클릭하여 진행해봅시다. 마지막까지 다 풀었다면 화면 아래에 있는 「제출과 정답표」 버튼을 누릅니다.

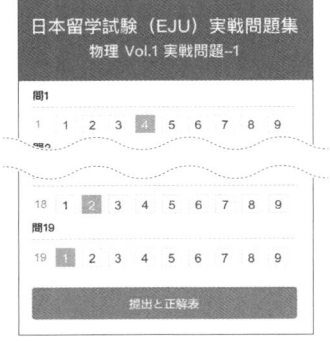

● **STEP 3**

정답표가 표시됩니다. 틀린 문제는 정답번호가 빨갛게 표시되므로 확실히 복습합시다. 「해설」 버튼을 누르면 해설을 확인할 수 있습니다. 또한, 화면 아래쪽의 「득점분포를 본다」라는 버튼을 누르면 자신의 득점과 전체 수험자 중에서 자신의 위치를 확인할 수 있습니다.

※ 확인하기 위해서는 등록과 로그인이 필요합니다. (→조작방법은 STEP4에서 확인하실 수 있습니다.)

● **STEP 4**

「득점분포를 본다」라는 버튼을 누르면 등록화면이 표시됩니다. 필수항목을 모두 기입하고 「등록」 버튼을 눌러주십시오.

● **STEP 5**

자신의 득점 및 득점분포가 표시됩니다.

※ 실전문제는 몇 번이든지 수험할 수 있습니다만 득점과 득점분포의 산출은 1인당 1회만 가능합니다.

※ 일본유학시험과 거의 동일하게 항목반응이론에 의한 득점등화를 실시하고 있습니다.

※ 수험자수가 증가함에 따라서 득점기준이 변화하는 점을 양해바랍니다.

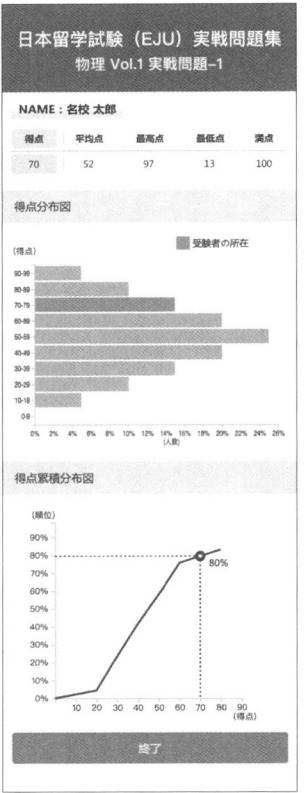

일본유학시험(EJU) 실전문제집
이과 물리 Vol.1

CONTENTS

003   머리말
004   이 책에 대하여
006   득점분포 확인

009   제 1 회   실전문제
033   제 2 회   실전문제
055   제 3 회   실전문제
079   제 4 회   실전문제
101   제 5 회   실전문제
123   제 6 회   실전문제
145   제 7 회   실전문제
167   제 8 회   실전문제
189   제 9 회   실전문제
211   제10회   실전문제

233   해답용지
237   정답표
249   해설

第1回

実戦問題
解答時間 35分

正解と得点分布図確認

QRコードを読み取ってオンライン解答用紙に解答を記入し、正解と得点分布を確認してください。

物理

「解答科目」記入方法

解答科目には「物理」,「化学」,「生物」がありますので,この中から2科目を選んで解答してください。選んだ2科目のうち,1科目を解答用紙の表面に解答し,もう1科目を裏面に解答してください。

「物理」を解答する場合は,右のように,解答用紙にある「解答科目」の「物理」を○で囲み,その下のマーク欄をマークしてください。

科目が正しくマークされていないと,採点されません。

第1回 実戦問題

I
次の問い A（問1），B（問2），C（問3），D（問4），E（問5），F（問6）に答えなさい。ただし，重力加速度の大きさを g とし，空気の抵抗は無視できるものとする。

A 次の図のように，軽いばねにつながれたおもり A と B が軽い糸により天井からつり下げられている。おもり A と B の質量はそれぞれ m と $2m$ である。おもりが静止している状態で糸を切断すると，おもりが落下し始める。

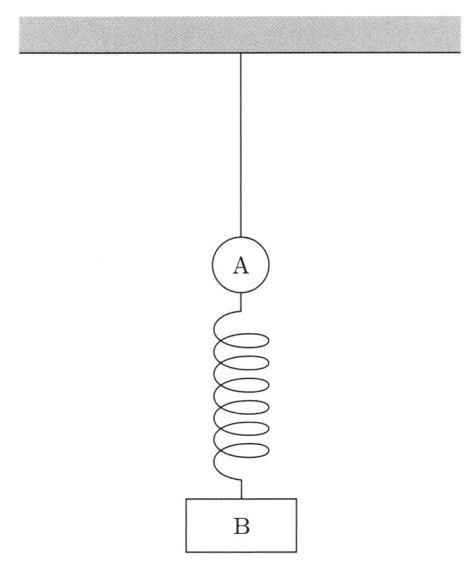

問1 この瞬間，おもり A と B の加速度 a_A と a_B の大きさはそれぞれいくらか，正しい組み合わせを，次の①〜④の中から一つ選びなさい。 **1**

	a_A	a_B
①	g	g
②	g	0
③	$3g$	g
④	$3g$	0

B 次の図のように，糸の一端を天井に固定し，物体 A，B が糸で結ばれなめらかな滑車にかけられている。物体 A，B の質量はそれぞれ 4kg，1kg である。滑車の質量は無視でき，糸は十分長く，軽くて伸びないものとする。重力加速度 g の大きさを 10m/s² とする。

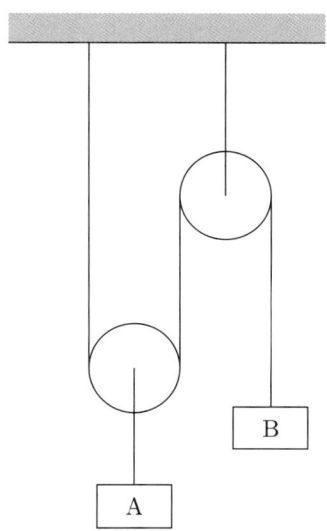

問 2　全体を支えてから手を離すと，糸が物体 B を引っ張る力はいくらか，正しいものを，次の①〜⑥の中から一つ選びなさい。　$\boxed{2}$ N

① 5　　② 10　　③ 15　　④ 20　　⑤ 25　　⑥ 40

第1回　実戦問題

C　次の図のように，質量が同じである物体 A と B を台の上に置いてある。A が速度 v_0 で静止している B に非弾性衝突し，B が放物運動し始めた。B が地面 P 点につく時，最初の位置との水平距離が d である。ただし，A，B と台との間に摩擦はないものとする。

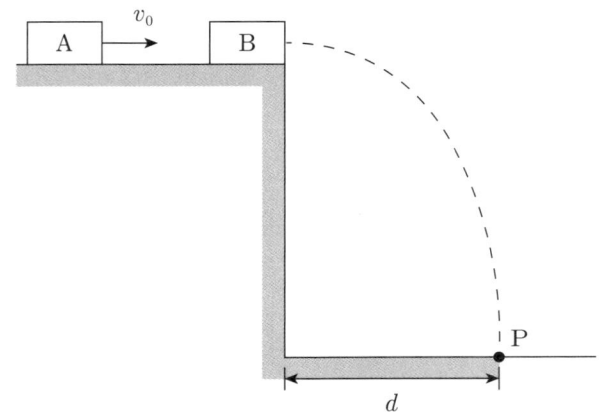

問3　B の着地点と最初の位置との水平距離 d を 2 倍にするために，衝突前の A の速度を何倍にすればよいか，正しいものを，次の①～④の中から一つ選びなさい。　3

① $\sqrt{2}$　　　② 2　　　③ 4　　　④ $2\sqrt{2}$

D 次の図のように，床に固定されている傾斜角が 30°の斜面があり，小球がその上から水平に投げられ，斜面に衝突した。

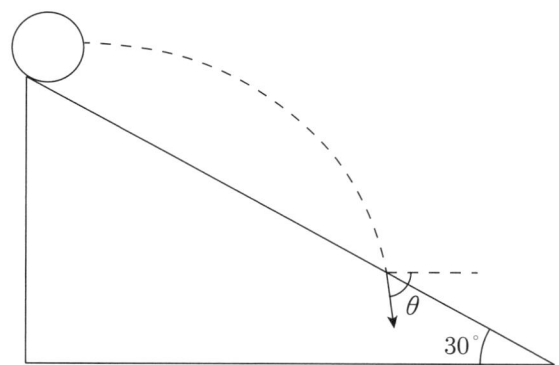

問4 衝突するとき，小球の速度が水平方向となす角度 θ はいくらか，正しいものを，次の①〜⑤の中から一つ選びなさい。　4

① $\tan\theta = 2\sqrt{3}$ 　　② $\tan\theta = \dfrac{\sqrt{3}}{2}$ 　　③ $\tan\theta = \dfrac{2\sqrt{3}}{3}$

④ $\tan\theta = \dfrac{\sqrt{3}}{6}$ 　　⑤ $\tan\theta = \dfrac{\sqrt{3}}{3}$

第1回　実戦問題

E　次の図のように，水平面上に傾きが 30° の斜面があり，軽いばねが斜面の下端に固定されている。質量 1kg の物体がばねとつながっている。最初，物体が A 点で静止し，ちょうど斜面との間に摩擦力が働かない状態である。その後，斜面に沿って 10N の力を物体に加えることで，物体が登り始めた。物体が B に達する時，力が物体にする仕事は 10J。ただし，ばね定数 10N/m，物体と斜面の動摩擦係数を $\frac{\sqrt{3}}{10}$，重力加速度 g の大きさを 10m/s^2 とする。

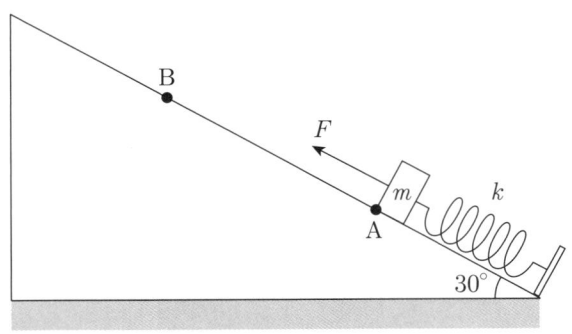

問5　物体が B に達する時の速さはいくらか，正しいものを，次の①～④の中から一つ選びなさい。　　　**5** m/s

① 1　　　　　② 2　　　　　③ $\sqrt{5}$　　　　　④ $\sqrt{7}$

F 次の図のように，車の上に振り子が縦の棒に固定されている。車が静止する時，振り子も自然に垂れている。急に車が加速度 a で運動すると，振り子が単振動し始める。

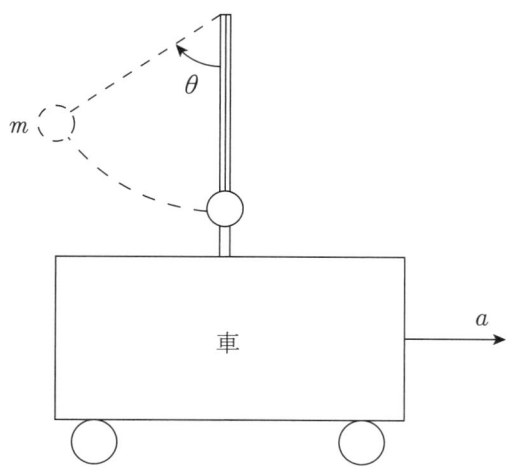

問6 振子が一番高いところに達するときの糸が鉛直方向となす角 θ はいくらか，正しいものを，次の①～④の中から一つ選びなさい。　**6**

① $\arctan\left(\dfrac{a}{g}\right)$　　② $2\arctan\left(\dfrac{a}{g}\right)$　　③ $\arctan\left(\dfrac{g}{a}\right)$　　④ $2\arctan\left(\dfrac{g}{a}\right)$

第1回 実戦問題

II 次の問い A（問1），B（問2），C（問3）に答えなさい。

A 次の図のように，断熱容器の中に5℃の水が100gある。80℃の鋼球を入れて，じゅうぶん時間が経つと，水と鋼球の温度がともに10℃になった。水の比熱は4.2J/(g・K)，鋼球の比熱は0.45J/(g・K)とする。

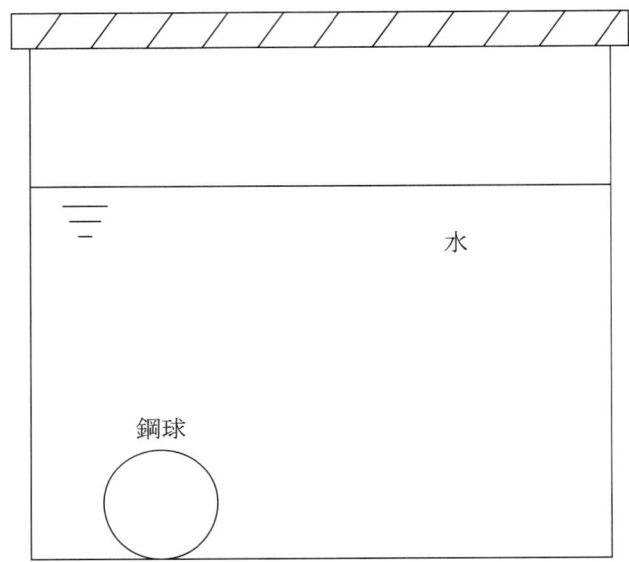

問1 鋼球の質量はいくらか，最も近い数値を，次の①～④の中から一つ選びなさい。 $\boxed{7}$ g

① 5.6　　　② 6.7　　　③ 55.4　　　④ 66.7

B 次の図のように，断熱材で作られた容器Bの中に小さい容器Aがある。Bの容積は$6V$，Aの容積はVである。AとBの中には同じ理想気体が入っている。Aの中の圧力はPで，温度は$3T$である。Bの中の圧力もPで，温度はTである。Aの厚さと栓の体積は無視できるものとする。

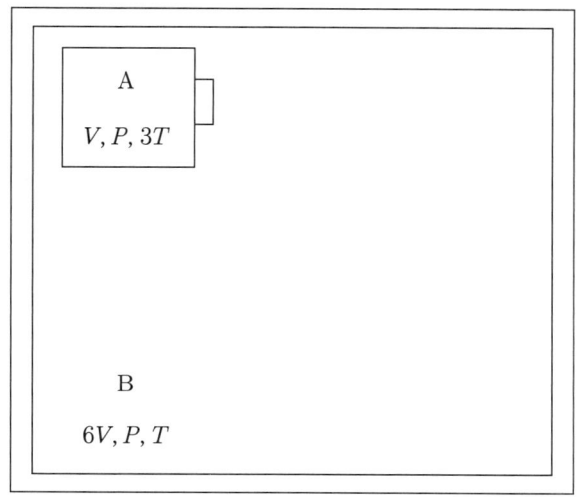

問2 容器Aの栓を開けてじゅうぶん時間がたったとき，気体の温度はいくらになるか，正しいものを，次の①～④の中から一つ選びなさい。 8

① $\dfrac{21}{19}T$ ② $\dfrac{9}{8}T$ ③ $\dfrac{16}{5}T$ ④ $\dfrac{16}{3}T$

第1回　実戦問題

C　なめらかに動くピストンがついたシリンダーに一定量の理想気体を閉じ込め，次の $p-V$ 図のように気体の状態を A→B→C→D→A と変化させた。

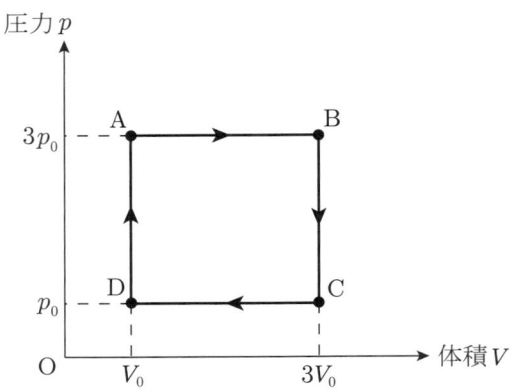

問3　このサイクルの中で吸熱過程はどれに当てはまるか，正しいものを，次の①〜⑥の中から一つ選びなさい。　　9

① A→B，B→C　　② A→B，C→D　　③ D→A，A→B
④ D→A，B→C　　⑤ C→D，D→A　　⑥ B→C，C→D

Ⅲ 次の問い A (問1), B (問2), C (問3) に答えなさい。

A 次の図は，右に移動する進行波の時刻 0s のときの媒質の変位 y cm と位置座標 x cm との関係を示したグラフである。周期は 4s であり，振幅は 12cm である。

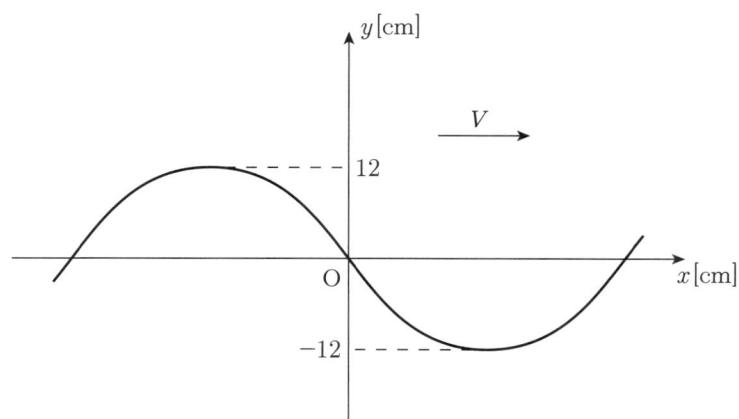

問1　7s 後 O 点の変位はどうなるか，正しいものを，次の①〜⑤の中から一つ選びなさい。

　　　10　cm

　① 12　　　② 9　　　③ 0　　　④ −9　　　⑤ −12

第1回 実戦問題

B 次の図のように，スピーカー A とスピーカー B は同じ発振器で同位相の正弦波音声を発信している。発せられた音の周波数は 85 Hz である。AB を結ぶ直線上に人がいる。彼はスピーカーが発している音波を計測している。空気中の音速は $v = 340\,\mathrm{m/s}$ である。

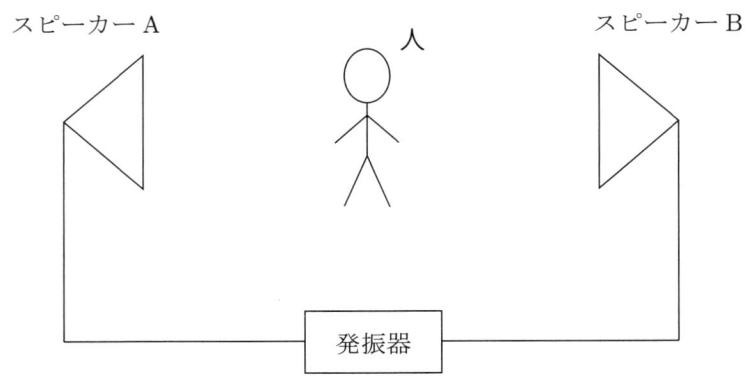

問2 彼が B に向かって，$v = 4\,\mathrm{m/s}$ の速度で移動する時，計測したうなりの周波数はいくらか，正しいものを，次の①〜④の中から一つ選びなさい。　　　**11** Hz

① 2　　　② 4　　　③ 8　　　④ 16

C 次の図のように，物体と凸レンズをx軸上に並べた。物体とレンズの距離は80cmであり，レンズの焦点距離は20cmである。ここで，焦点距離5cmの凹レンズを用意し，凸レンズによる像が$x = 40$cmのところにできるために，凹レンズはどこに置けばよいか。$\sqrt{6} = 2.4$として計算すること。

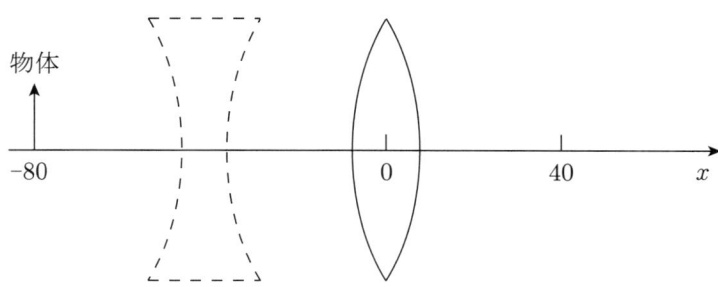

問3 凹レンズの位置座標の中で，最も適当な値を，次の①〜④の中から一つ選びなさい。

|12|

① -40 ② -36 ③ -32 ④ -28

第1回 実戦問題

IV 次の問い A（問1），B（問2），C（問3），D（問4），E（問5），F（問6）に答えなさい。

A 次の図のように，天井に吊るした正の電荷 q を持つ，質量 m の小球がある。Q_1 の負の電荷を近づけ，電荷と小球の距離が r の時，ひもと鉛直方向のなす角が30度のところで小球が静止した。Q_2 の負の電荷を近づけ，距離が $2r$ の時，角度が45度のところで静止した。

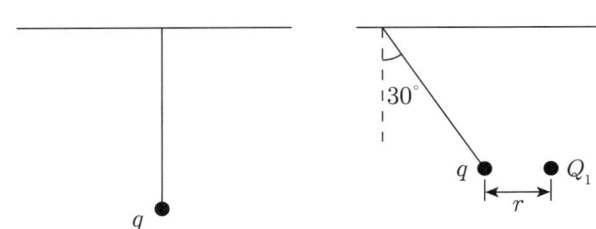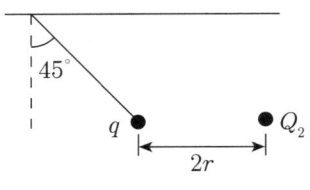

問1 $Q_1 : Q_2$ はいくらか，正しいものを，次の①〜⑥の中から一つ選びなさい。　13

① $\sqrt{3} : 2$　　② $\sqrt{3} : 4$　　③ $\sqrt{3} : 6$

④ $\sqrt{3} : 12$　　⑤ $\sqrt{3} : 15$　　⑥ $\sqrt{3} : 9$

B 次の図のように，帯電していない面積 S，極板距離 d のコンデンサー C_1 と C_2，面積 S，極板距離 $2d$ のコンデンサー C_3 を用いて起電力 9V の電池と接続した。なお，C_2 は比誘電率 3 の誘電体で満たされている。スイッチ S を端子 a につなぎ，じゅうぶん時間がたった後，端子 b に切り替えた。

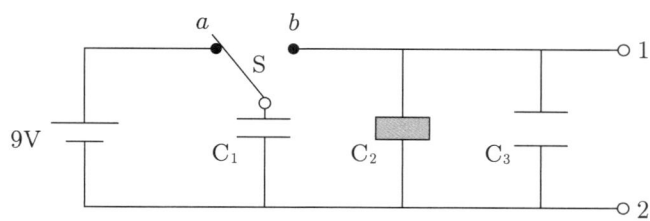

問 2 じゅうぶん時間がたった後，端子 1，2 の間の電位差はいくらになるか，正しいものを，次の①〜⑥の中から一つ選びなさい。　　**14** V

① 1　　② 2　　③ 3　　④ 6　　⑤ 8　　⑥ 4

第1回　実戦問題

C ある白熱電球に電圧をかけて電流を測定したところ，図1のような結果が得られた。出力電圧20Vの直流電源に，この電球と抵抗値Rの抵抗器をつないだ図2のような回路について考える。

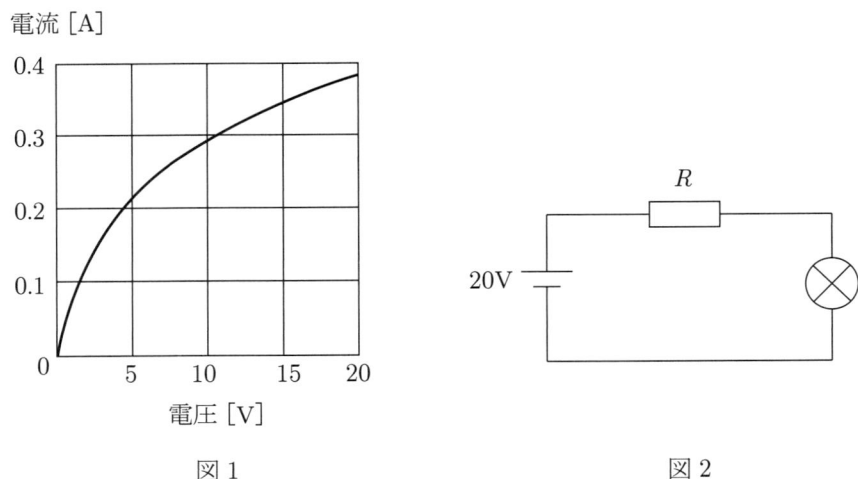

図1　　　　　　　　　　　　　　図2

問3　$R = 50\,\Omega$にしたとき，電球が1秒あたりに発生するジュール熱として最も適当な値を，次の①～⑥のうちから一つ選びなさい。　　**15** J

①　0.28　　②　0.80　　③　1.1　　④　1.9　　⑤　2.8　　⑥　3.6

D 次の図のように，z軸の方向に無限長の導線があり，z軸の正の方向に I_1 の電流が流れている。z-y 平面に平行な半径 r のコイルがあり，互いの鉛直距離が d である。x-y 平面上で，コイルの中心に方位磁針がある。方位磁針の N 極が x 軸となす角度を θ とする。ここで，コイルに電流 I_2 を流したところ，方位磁針は θ が 30°のところで静止した。ただし，図中矢印の向きを I_2 の正の向きとする。地球による磁場は無視できるものとする。

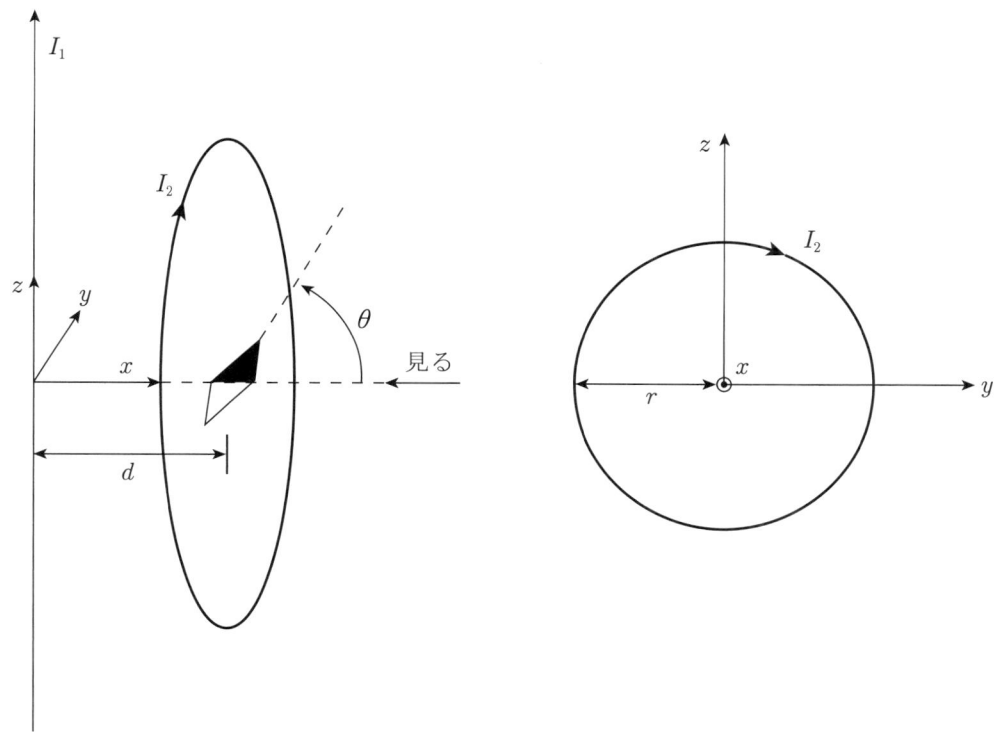

問4　コイルに流された電流 I_2 値はどのように表されるか，正しいものを，次の①〜⑥の中から一つ選びなさい。　**16**

① $-\dfrac{\sqrt{3}r}{3\pi d}I_1$　　　② $\dfrac{\sqrt{3}r}{3\pi d}I_1$　　　③ $-\dfrac{\sqrt{3}r}{\pi d}I_1$

④ $\dfrac{\sqrt{3}r}{\pi d}I_1$　　　⑤ $-\dfrac{\sqrt{3}\pi r}{d}I_1$　　　⑥ $\dfrac{\sqrt{3}\pi r}{d}I_1$

E 次の図のように，長い導線 2 本が鉛直方向に置かれ，それぞれの一端を抵抗値 R の抵抗でつないだ。導線の間隔は L であり，紙面裏から表に向かう向きに磁束密度の大きさが B の磁場がかかっている。質量 m のおもりが取り付けられている質量 M の導体棒を，この 2 本の導線に常に接するようにして落下させた。導体棒は途中から一定の速さ v となった。導体棒と導線の摩擦は無視できるものとする。

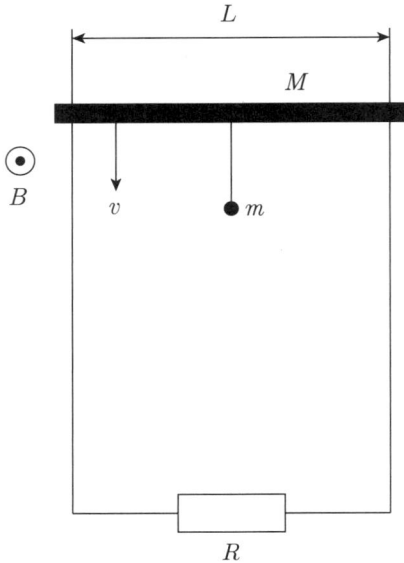

問 5　v はどのように表されるか。正しいものを，次の①～⑥の中から一つ選びなさい。　17

① $\dfrac{MgR}{B^2L^2}$ 　　　② $\dfrac{mgR}{B^2L^2}$ 　　　③ $\dfrac{(M+m)gR}{B^2L^2}$

④ $\dfrac{(m+M)gB^2L^2}{R}$ 　　　⑤ $\dfrac{MgB^2L^2}{R}$ 　　　⑥ $\dfrac{mgB^2L^2}{R}$

F 図1のように長さ L，総巻き数 N のソレノイドがある。ソレノイドの右端近くに銅の円環が糸でつり下げられている。ソレノイドに図2のような電流 I が流れた。

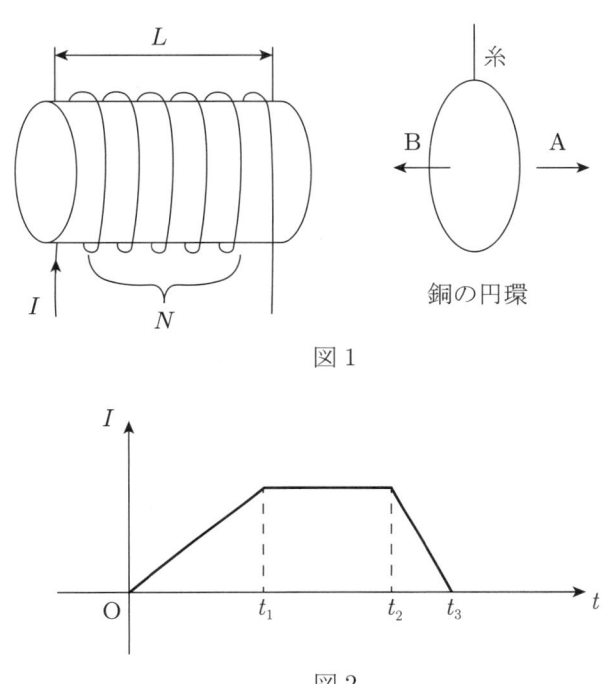

図1

図2

問6 各時間帯において，銅の円環が受ける力の向きはどちらか，正しい組み合わせを，次の①〜⑥の中から一つ選びなさい。　**18**

	$0 \sim t_1$	$t_1 \sim t_2$	$t_3 \sim t_2$
①	A	力受けない	A
②	A	力受けない	B
③	力受けない	A	B
④	力受けない	B	A
⑤	B	A	力受けない
⑥	B	力受けない	A

第1回 実戦問題

V 次の問い **A**（問1）に答えなさい。

A 図1はX線発生装置を示している。内部が真空であるガラス管内の陰極から飛び出した電子を，両極管にかけた加速電圧によって加速させ，陽極に衝突させる。電子が陽極に衝突することでX線が発生する。ここで，陰極から飛び出した直後の電子の運動エネルギーを0とみなすことができる。

図2はX線発生装置で発生したX線の波長と強度の関係を示したスペクトル図である。スペクトルには，AやBのような鋭いピークが見られる。これらのような波長のX線を ア という。また，発生するX線の波長下限は λ_0 である。電子の質量を m，電気素量を $e\,(>0)$，真空中の光の速さを c，両極にかけた加速電圧を V，プランク定数を h とすると，$\lambda_0 =$ イ と表される。

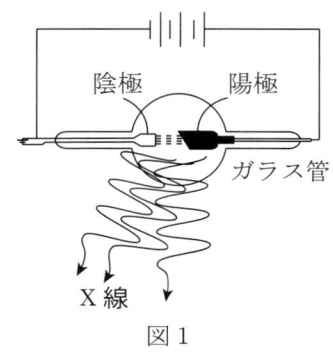

図1

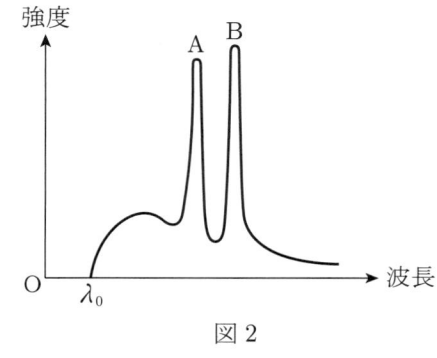

図2

問1 正しいものを，次の①～⑥の中から選びなさい。　19

	ア	イ
①	固有X線	$\dfrac{hc}{eV}$
②	固有X線	$\dfrac{h}{eV}$
③	固有X線	$\dfrac{h}{\sqrt{2meV}}$
④	連続X線	$\dfrac{hc}{eV}$
⑤	連続X線	$\dfrac{h}{eV}$
⑥	連続X線	$\dfrac{h}{\sqrt{2meV}}$

物理の問題はこれで終わりです。解答欄の **20** ～ **75** はマークしないでください。
解答用紙の科目欄に「物理」が正しくマークしてあるか，もう一度確かめてください。

この問題冊子を持ち帰ることはできません。

第2回

実戦問題
解答時間 35分

正解と得点分布図確認

QRコードを読み取ってオンライン解答用紙に解答を記入し、正解と得点分布を確認してください。

物理

「解答科目」記入方法

解答科目には「物理」,「化学」,「生物」がありますので,この中から2科目を選んで解答してください。選んだ2科目のうち,1科目を解答用紙の表面に解答し,もう1科目を裏面に解答してください。

「物理」を解答する場合は,右のように,解答用紙にある「解答科目」の「物理」を○で囲み,その下のマーク欄をマークしてください。

科目が正しくマークされていないと,採点されません。

第2回　実戦問題

I
次の問い A（問1），B（問2），C（問3），D（問4），E（問5），F（問6）に答えなさい。
ただし，重力加速度の大きさを g とし，空気の抵抗は無視できるものとする。

A
次の図のように，水平な床の上に三角台が固定されている。2つのおもり A（質量 M）と B（質量 m）は定滑車を通し，質量の無視できる伸び縮みしない糸でつながっている。糸はおもり B の高さの半分の位置とつながっていて，斜面と常に平行になるようにされている。おもり B の幅は a であり，高さは b である。定滑車はなめらかに回転し，その質量は無視できるものとする。三角台の傾斜角は θ であり，おもり B と斜面の間に摩擦があるものとする。

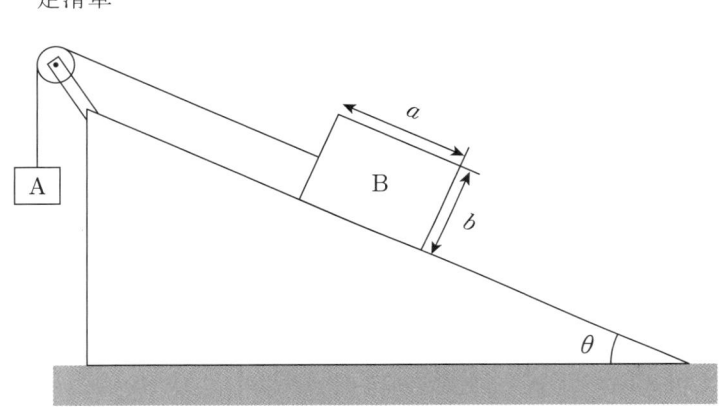

問1　おもり B が斜面から離れずに等速で斜面を登るためには，M は最大どのように表されるか。正しいものを，次の①〜⑤の中から一つ選びなさい。　1

① $m\dfrac{(a\cos\theta - b\sin\theta)}{b}$　　② $m\dfrac{(a\cos\theta + b\sin\theta)}{b}$　　③ $m\dfrac{(b\cos\theta - a\sin\theta)}{b}$

④ $m\dfrac{(b\cos\theta + a\sin\theta)}{b}$　　⑤ $m\dfrac{(a\cos\theta + b\sin\theta)}{a}$

B 次の図のように,台の上から小球が水平投射され,床と壁で二回弾性衝突した後,もとの高さにもどった。

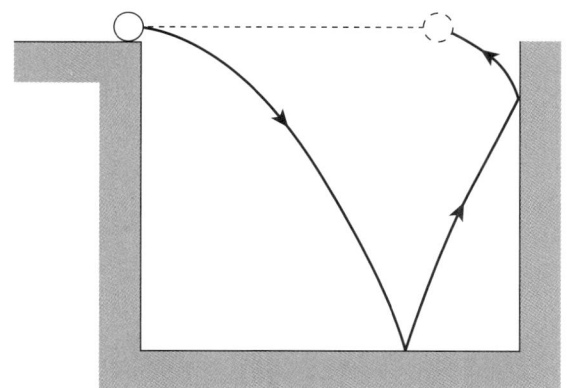

問 2 小球が運動している間,鉛直方向の速度成分はどのように変化するか。最も適当なものを,次の①〜⑥の中から一つ選びなさい。ただし,鉛直上向きを正とする。 $\boxed{2}$

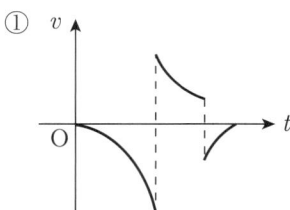
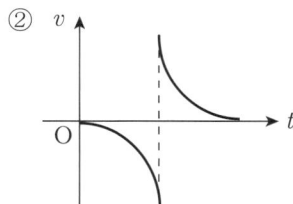
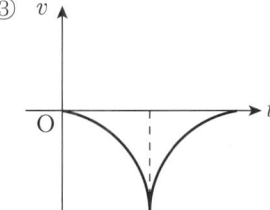
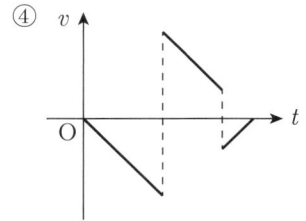
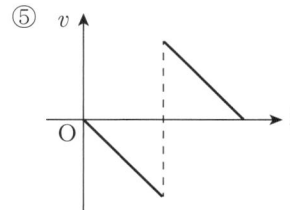
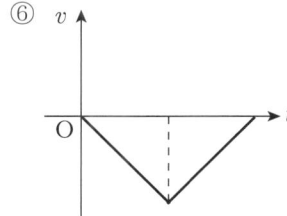

第2回　実戦問題

C　次の図のように，水平な台の上で，質量 m の小物体 A が，静止していた質量 $M(M>m)$ の小物体 B に初速度 v_0 で弾性衝突した。その後，B は半径 R の円軌道上に乗り，床に落下した。A，B と台との間に摩擦はないものとする。

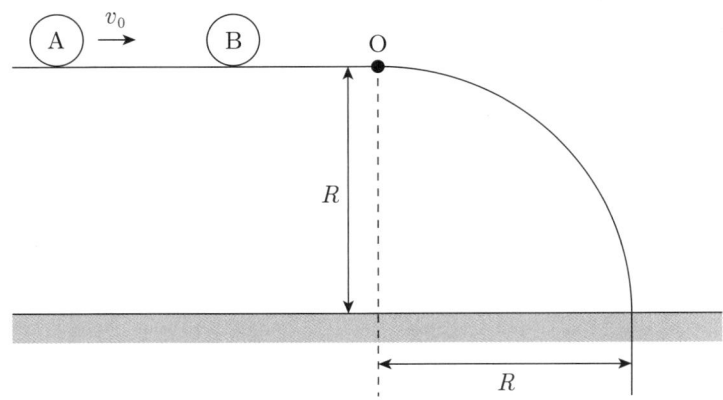

問3　小物体 B が点 O で円軌道を離れ，飛び出すために，初速度 v_0 の最小値はどのように表されるか。正しいものを，次の①〜④の中から一つ選びなさい。　3

① $\dfrac{m+M}{2m}\sqrt{gR}$　　② $\dfrac{m+M}{M-m}\sqrt{gR}$　　③ $\dfrac{m+M}{2m}\sqrt{2gR}$　　④ $\dfrac{m+M}{M-m}\sqrt{2gR}$

D 次の図のように，なめらかな斜面上にばね定数が k の軽いばねを置き，一端に小球をつけ，他端を斜面に固定する。質量 m の小球をばねが自然長となる位置から初速度 v_0 で運動させたところ，小球は斜面上で単振動をした。斜面と水平面とのなす角が θ である。

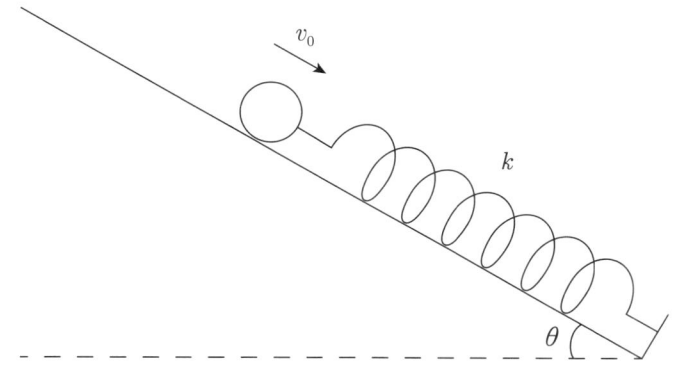

問 4 単振動の振幅はどのように表されるか。正しいものを，次の①〜④の中から一つ選びなさい。 **4**

① $\sqrt{\dfrac{mv_0^2}{k}+\left(\dfrac{mg\sin\theta}{k}\right)^2}$ ② $\sqrt{\dfrac{mv_0^2}{k}}$

③ $\sqrt{\dfrac{mv_0^2}{k}-\left(\dfrac{mg\sin\theta}{k}\right)^2}$ ④ $\sqrt{\dfrac{mv_0^2}{2k}+\dfrac{1}{2}\left(\dfrac{mg\sin\theta}{k}\right)^2}$

第2回　実戦問題

E　次の図のように，質量 m のおもり1とおもり2を重ねてなめらかで水平な台の上に置き，おもり1と質量 M のおもり3を伸び縮みしない軽い糸でつなぎ，質量の無視できるなめらかに回転する定滑車に糸をかけた。全体を手で押さえ，静かに手をはなしたところ，三つのおもりが同じ加速度で運動し始めた。おもり1とおもり2の間の静止摩擦係数を μ とする。

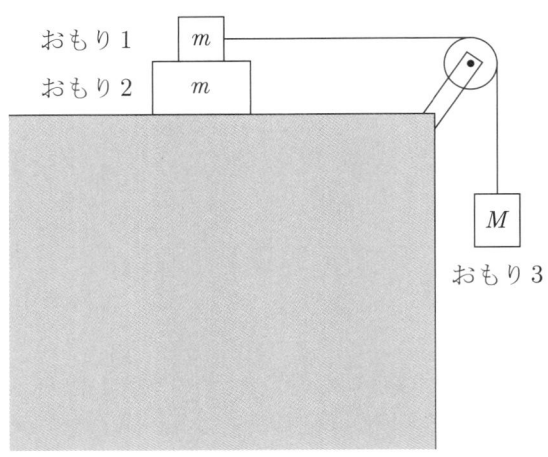

問5　おもり3が下に h 移動した時，おもり2の速度はどのように表されるか。正しいものを，次の①〜⑥の中から一つ選びなさい。　5

① $\sqrt{\dfrac{2Mgh}{M+m}}$　　② $\sqrt{\dfrac{2(M-\mu m)gh}{M+2m}}$　　③ $\sqrt{\dfrac{2(M-\mu m)gh}{M+m}}$

④ $\sqrt{2\mu gh}$　　⑤ $\sqrt{\mu gh}$　　⑥ $\sqrt{\dfrac{2Mgh}{M+2m}}$

F 次の図のように,質量 m の人工衛星が地球周りを半径 R_1 の円軌道上で等速円運動している。衛星が A 点で速度を v_1 まで増速し,円軌道から楕円軌道に切り替えた。地球の半径は R とする。

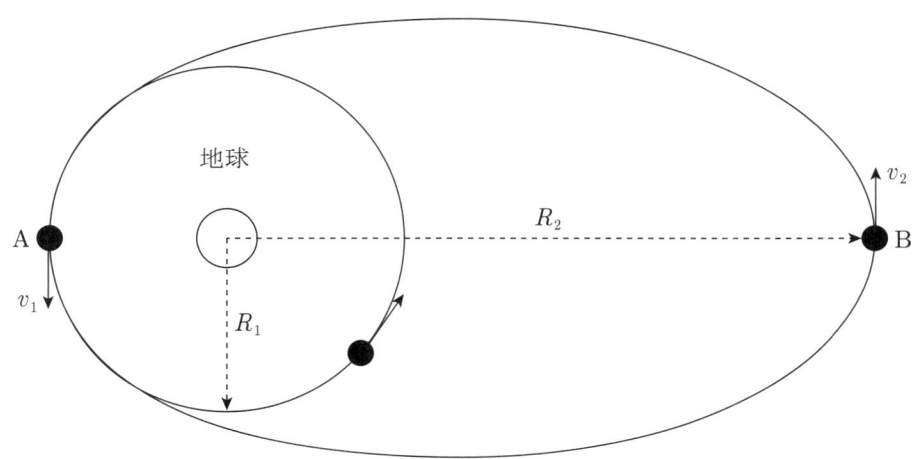

問 6 楕円軌道上で,地球から最も離れた B 点における速度 v_2 はどのように表されるか。地球から B 点までの距離は R_2 である。正しいものを,次の①〜⑥の中から一つ選びなさい。

① $\dfrac{R}{R_2}\sqrt{\dfrac{gR_1}{(R_1+R_2)}}$ ② $R\sqrt{\dfrac{2gR_1}{R_2(R_1+R_2)}}$ ③ $\dfrac{R}{R_1}\sqrt{\dfrac{gR_1}{(R_1+R_2)}}$

④ $R\sqrt{\dfrac{gR_1}{R_2(R_1+R_2)}}$ ⑤ $\dfrac{R}{R_1}\sqrt{\dfrac{gR_1}{(R_2-R_1)}}$ ⑥ $R\sqrt{\dfrac{2gR_2}{R_1(R_1+R_2)}}$

第 2 回　実戦問題

II 次の問い A（問 1），B（問 2），C（問 3）に答えなさい。

A $-10℃$ の氷 $100\,\mathrm{g}$ に $100℃$ の水蒸気を $5\,\mathrm{g}$ 吹き込んだところ，じゅうぶん時間がたった後，$0℃$ の水と氷になった。水の比熱を $4.2\,\mathrm{J/(g\cdot K)}$，氷の比熱を $2.1\,\mathrm{J/(g\cdot K)}$，氷の融解熱を $3.3\times 10^2\,\mathrm{J/g}$，水の蒸発熱を $2.3\times 10^3\,\mathrm{J/g}$ とし，外部との熱の出入りはないものとする。

問 1　この時，水は全部で何 g か。最も適当な値を，次の①～⑥の中から一つ選びなさい。　7

① 0.50×10^1　　② 1.0×10^2　　③ 1.1×10^2
④ 4.0×10^1　　⑤ 3.5×10^1　　⑥ 6.5×10^1

B 次の図のように，単原子分子理想気体が入っている容器A，Bがあり，容器AとBの断面積は，それぞれ2*S*，*S*である。なめらかに動く，2つのピストンが棒でつながれている。容器とピストンは断熱材でできており，容器の底面からピストンまでの距離はともに*d*である。また，容器A内にはヒーターがあり，内部の気体を加熱できる。大気圧は無視できるものとする。

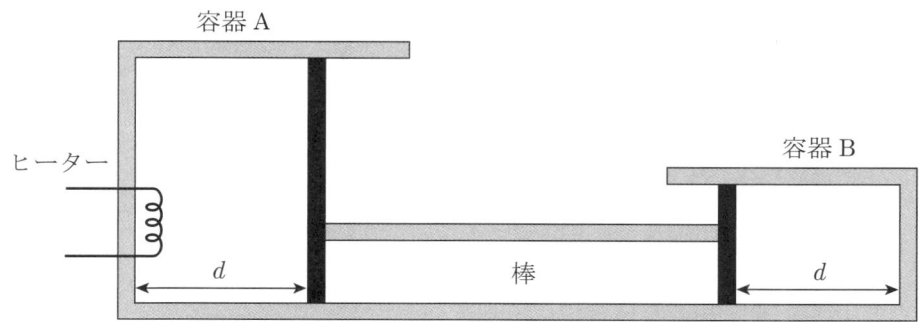

問2 最初，棒がつり合っている状態から，容器A内の気体をゆっくり加熱し，熱量*Q*を与えたところ，棒がなめらかに右へ移動した。最初の状態における容器A内の気体の圧力を*P*として，加熱後の容器B内の気体の圧力はどのように表されるか。正しいものを，次の①〜⑥の中から一つ選びなさい。　**8**

① $2P + \dfrac{Q}{3Sd}$　　② $2P - \dfrac{Q}{3Sd}$　　③ $P + \dfrac{Q}{6Sd}$

④ $P - \dfrac{Q}{6Sd}$　　⑤ $P + \dfrac{Q}{3Sd}$　　⑥ $P - \dfrac{Q}{3Sd}$

第2回　実戦問題

C 次のp-V図のように，一定量の理想気体の圧力pと体積Vを$1 \to 2 \to 3 \to 4 \to 1$と変化させる。$2 \to 3$と$4 \to 1$は定圧変化である。

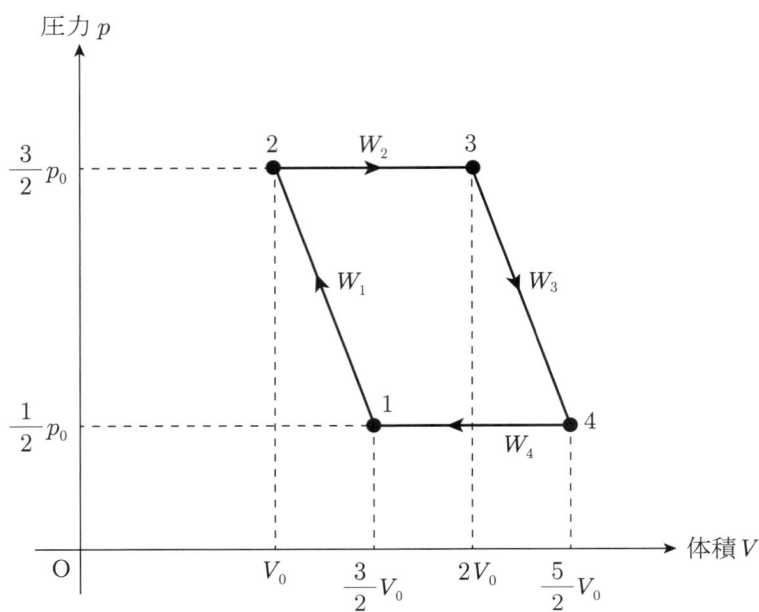

問3 気体がされた仕事を正の値にする時，以上の4つの変化における仕事Wの関係はどのようになるか。正しいものを，次の①～⑧の中から一つ選びなさい。　9

① $W_2 > W_1 = W_3 > W_4$　　② $W_1 > W_2 > W_3 > W_4$　　③ $W_1 = W_4 > W_3 > W_2$

④ $W_2 > W_1 > W_3 > W_4$　　⑤ $W_4 > W_1 = W_3 > W_2$　　⑥ $W_2 > W_1 > W_4 > W_3$

⑦ $W_1 > W_2 > W_4 > W_3$　　⑧ $W_4 > W_1 > W_3 > W_2$

III 次の問い A（問1），B（問2），C（問3）に答えなさい。

A 次の図のように，一定距離をはなれた2つの波源 S_1 と S_2 を逆位相で鉛直に振動させたところ，振幅 A と波長が等しい円形波が発生した。図の実線は互いの円形波が干渉する時に発生する強め合う点か弱め合う点のどれかをむすんだ線である。

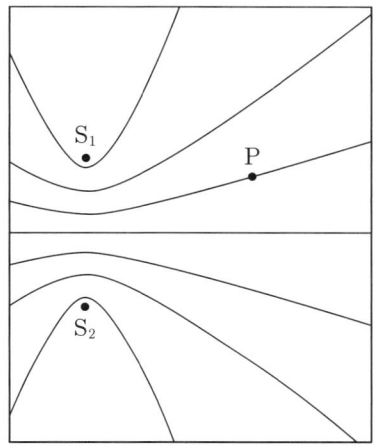

問1 点 P における一周期 T の間での振動を表すグラフはどのようになるか。最も適当なものを，次の①〜⑤の中から一つ選びなさい。　10

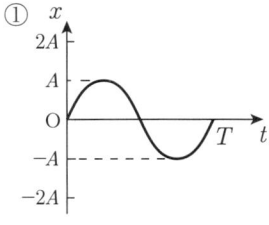
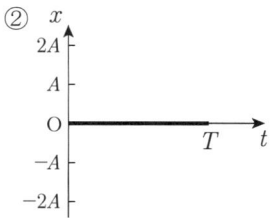
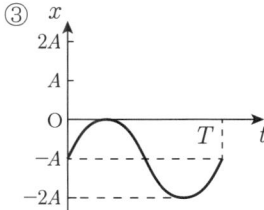
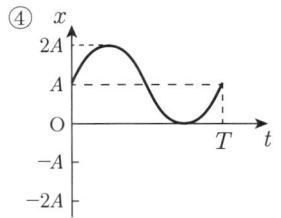
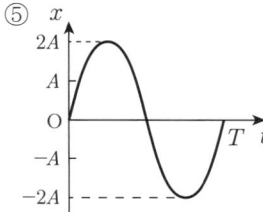

第2回 実戦問題

B 次の図のような，長さが調整できる閉管がある。音速を V とする。開口端に周波数 f の音を発するスピーカーを置き，閉管の長さを 0 からのばしたところ，長さが L の時に初めて気柱が共鳴した。

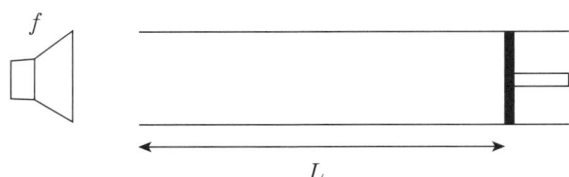

問2 閉管の長さが $2L$ の時，気柱を共鳴させるには，スピーカーの周波数を最低いくら調整しなければいけないのか。最も適当なものを，次の①〜④の中から一つ選びなさい。ただし，開口端の補正は無視できるものとする。　**11**

① $\dfrac{V}{8L}$　　② $\dfrac{V}{16L}$　　③ $\dfrac{3V}{8L}$　　④ $\dfrac{V}{4L}$

C 次の図のように，単スリット S_1 と間隔 d の複スリット S_2，S_3 に波長が λ の単色光を通したところ，複スリットから距離 L 離れた位置にあるスクリーン上に明暗のしまができた。単スリットと複スリットとの距離は l である。距離 l と L は間隔 d より十分大きいものとする。

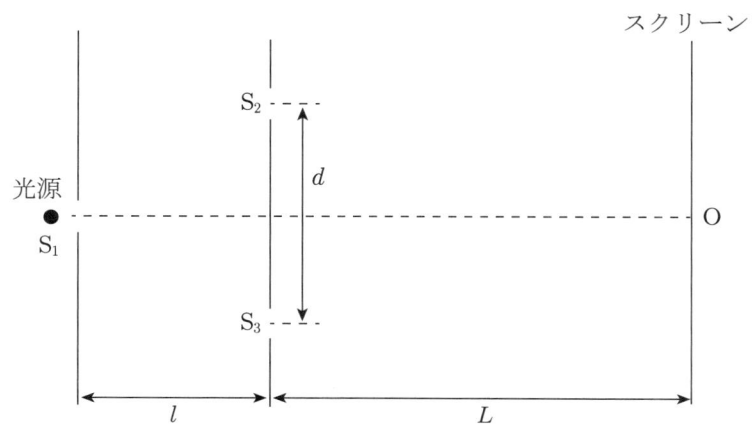

問 3 スクリーン上の点 O に最も近い明線を点 O の位置に移動させるためには，スリット S_1 の位置を上下にどれだけ移動すればよいか。正しいものを，次の①〜④の中から一つ選びなさい。　12

① $\dfrac{\lambda L}{d}$　　② $\dfrac{2\lambda L}{d}$　　③ $\dfrac{\lambda l}{d}$　　④ $\dfrac{2\lambda l}{d}$

第2回 実戦問題

IV 次の問い A（問1），B（問2），C（問3），D（問4），E（問5），F（問6）に答えなさい。

A 次の図のように，水平面上に正電荷があり，その周りに電場を測る観測者が等速円運動している。

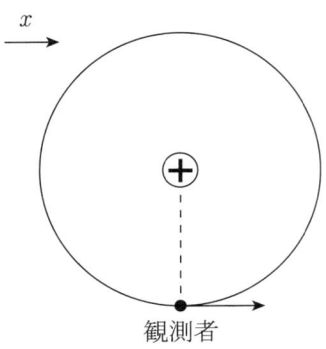

観測者

問1 観測者が一周まわる間に，測った電場の x 成分の変化はどのように表されるか。最も適当なものを，次の①〜⑧の中から一つ選びなさい。右向きを正とする。　　　**13**

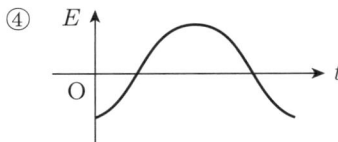

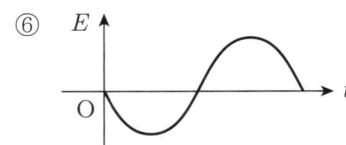

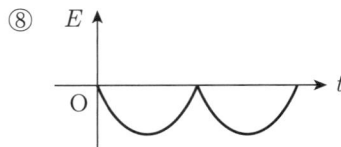

B 次の図のように，起電力 V の電池，電気容量 C，$2C$，$2C$，$4C$ の4つの抵抗とスイッチ S_1，S_2，S_3 を接続した。電池の内部抵抗を無視できるものとする。スイッチ S_1 と S_2 を閉じてじゅうぶん時間がたった後，S_1 を開き，S_3 を閉じた。

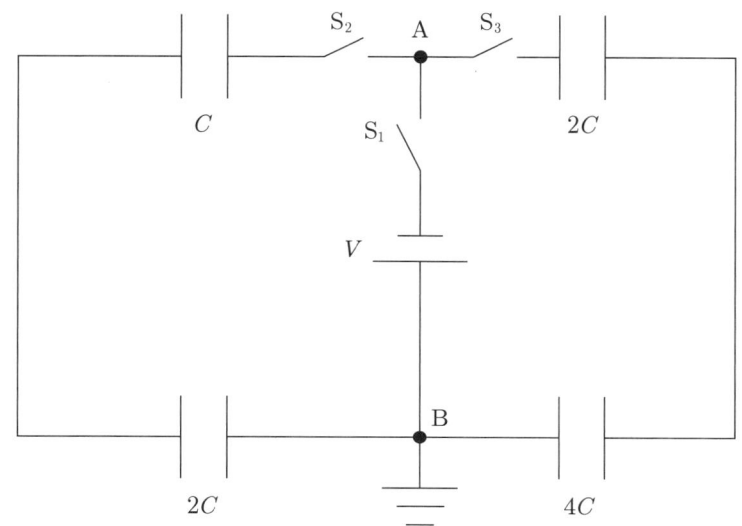

問2 じゅうぶん時間がたった後，点 B を基準とした時の点 A の電位はどのように表されるか。最も適当な値を，次の①〜⑦の中から一つ選びなさい。　|14|

① $\dfrac{1}{2}V$　　② $\dfrac{1}{3}V$　　③ $\dfrac{2}{3}V$　　④ $\dfrac{3}{4}V$

⑤ $-\dfrac{3}{4}V$　　⑥ $-\dfrac{2}{3}V$　　⑦ $-\dfrac{1}{3}V$

C 次の図のように，電圧Vの直流電源，抵抗値R_1, R_2, R_3の抵抗器，電容量Cのコンデンサー，自己インダクタンスLのコイル，スイッチSと電流計を接続した回路がある。抵抗器以外の電気抵抗はすべて無視できるものとする。

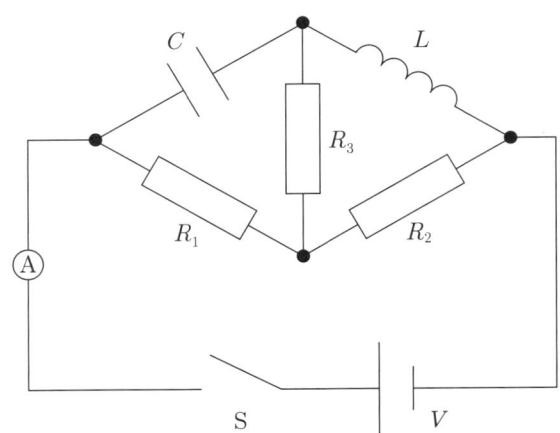

問3 スイッチを閉じた直後の電流計が示す電流の大きさI_1と，スイッチを閉じてからじゅうぶん時間が経過した後の電流計が示す電流の大きさI_2はそれぞれどのように表されるか。正しい組み合わせを，次の①〜④の中から一つ選びなさい。 15

	I_1	I_2
①	$\dfrac{V}{R_2+R_3}$	$\dfrac{V(R_2+R_3)}{R_1R_2+R_1R_3+R_2R_3}$
②	$\dfrac{V(R_1+R_3)}{R_1R_2+R_1R_3+R_2R_3}$	$\dfrac{V}{R_1+R_2}$
③	$\dfrac{V}{R_2+R_3}$	$\dfrac{V}{R_1+R_2}$
④	$\dfrac{V(R_1+R_3)}{R_1R_2+R_1R_3+R_2R_3}$	$\dfrac{V(R_2+R_3)}{R_1R_2+R_1R_3+R_2R_3}$

D 次の図のように，中心 O，半径 l の円輪があり，接点 O と B は抵抗 R と接続されている。抵抗が無視できる金属棒 OP が O を中心に円輪の上をすべりながら回転できる。金属棒 OP と円輪の間の摩擦は無視できるものとする。磁束密度 B の一様な磁場が鉛直上向き（紙面に垂直に裏から表向き）に加えられている。

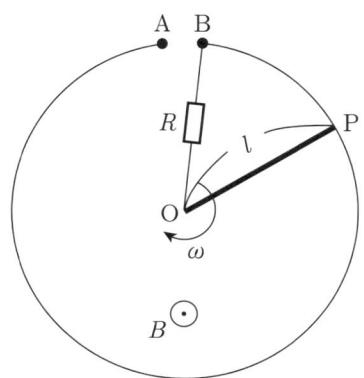

問4 金属棒が一定の角速度 ω で時計回りに回転するため，棒の中心に加わる外力が単位時間当たりにする仕事の大きさはどのように表されるか。最も適当なものを，次の①〜④の中から一つ選びなさい。 **16**

① $\dfrac{B^2 l^4 \omega^2}{2R}$ ② $\dfrac{B^2 l^4 \omega^2}{4R}$ ③ $\dfrac{B^2 l^2 \omega^2}{2R}$ ④ $\dfrac{B^2 l^2 \omega^2}{4R}$

第2回 実戦問題

E 次の図のように，xy平面上に平面に垂直になるように長い直線導線4本を一辺の長さdの正方形の角にそれぞれ固定している。上の2本は平面の表から裏に向かって電流の大きさIの電流を流し，下の2本は平面の裏から表に向かって同じ大きさの電流を流す。

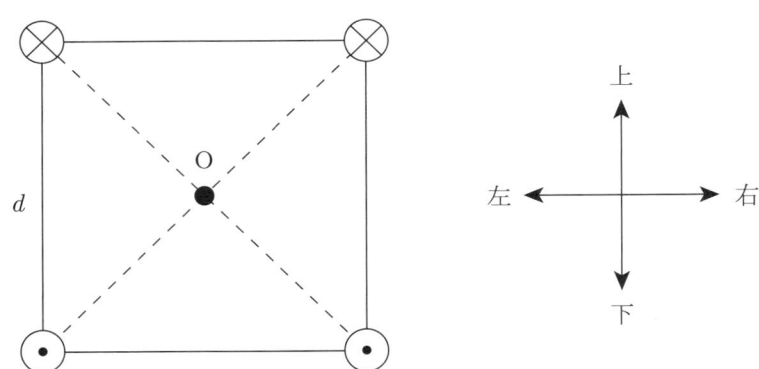

問5 中心Oにおける磁場の大きさと方向はどうなるか。正しい組み合わせを，次の①～⑥の中から一つ選びなさい。　　17

	大きさ	方向
①	0	右向き
②	$\dfrac{2I}{\pi d}$	左向き
③	$\dfrac{\sqrt{2}\,I}{\pi d}$	右向き
④	$\dfrac{\sqrt{2}\,I}{\pi d}$	左向き
⑤	$\dfrac{2I}{\pi d}$	右向き
⑥	0	左向き

F 次の図のように,電気容量 C のコンデンサーと自己インダクタンス L のコイルが起電力 $V = V_0 \sin\omega t$ の交流電源とつないでいる。電源から出る電流を $I = I_0 \sin\omega t$ とし,コンデンサーを通る電流を I_C,コイルを通る電流を I_L とする。

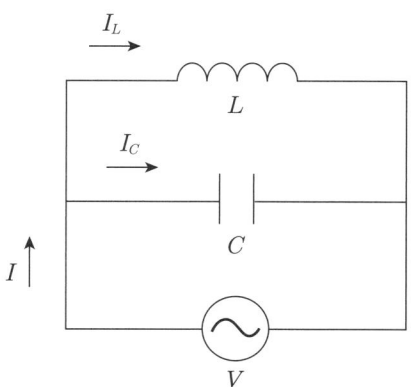

問 6 電流 I の最大値および,I_C と I_L の時間グラフはどのように表されるか。最も適当な組み合わせを,次の①〜④の中から一つ選びなさい。　18

	電流 I の最大値	I_C と I_L の時間グラフ
①	$V_0\left(\omega C - \dfrac{1}{\omega L}\right)$	
②	$V_0\left(\omega C + \dfrac{1}{\omega L}\right)$	
③	$V_0\left(\omega C - \dfrac{1}{\omega L}\right)$	
④	$V_0\left(\omega C + \dfrac{1}{\omega L}\right)$	

第 2 回　実戦問題

V　次の問い A（問 1）に答えなさい。

A　放射性元素ラジウムの同位体 $^{223}_{88}\text{Ra}$ の半減期は 11 日である。128g の $^{223}_{88}\text{Ra}$ 試料がある。

問 1　22 日後に残った試料はいくらか。2g になるのは崩壊してから何日後か。最も正しい組み合わせを，次の①〜④の中から一つ選びなさい。　19

	22 日後に残った試料　g	2g になるまでの崩壊日数　日
①	64	44
②	64	66
③	32	44
④	32	66

物理の問題はこれで終わりです。解答欄の 20 〜 75 はマークしないでください。
解答用紙の科目欄に「物理」が正しくマークしてあるか，もう一度確かめてください。

この問題冊子を持ち帰ることはできません。

第3回

実戦問題

解答時間 35分

正解と得点分布図確認

QRコードを読み取ってオンライン解答用紙に解答を記入し、正解と得点分布を確認してください。

物理

「解答科目」記入方法

解答科目には「物理」,「化学」,「生物」がありますので,この中から2科目を選んで解答してください。選んだ2科目のうち,1科目を解答用紙の表面に解答し,もう1科目を裏面に解答してください。

「物理」を解答する場合は,右のように,解答用紙にある「解答科目」の「物理」を○で囲み,その下のマーク欄をマークしてください。

科目が正しくマークされていないと,採点されません。

第3回 実戦問題

I

次の問い A（問1），B（問2），C（問3），D（問4），E（問5），F（問6）に答えなさい。ただし，重力加速度の大きさを g とし，空気の抵抗は無視できるものとする。

A 次の図のように，長さ l，質量 m の一様な棒 BC の一端 C を回転軸で壁に接続し，端 B には長さ l の軽い糸でつないだ。糸の他端を壁につないだところ，図のように，壁と糸の間の角度が 60° の状態で全体がつり合った。

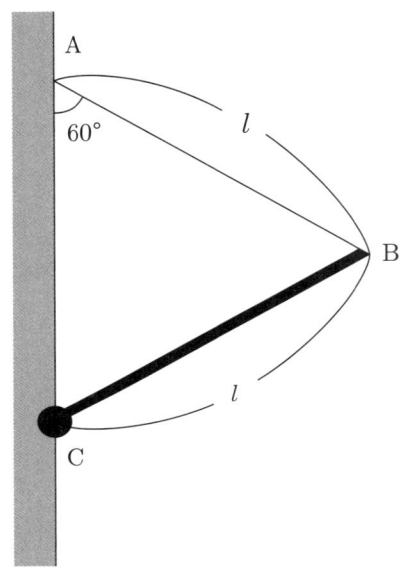

問1 この時，C 端が回転軸から受ける力の大きさはいくらか。正しいものを，次の①〜⑥の中から一つ選びなさい。　**1**

① $\dfrac{3}{4}mg$　　② $\dfrac{\sqrt{3}}{4}mg$　　③ $\dfrac{3}{2}mg$

④ $\dfrac{\sqrt{3}}{2}mg$　　⑤ $3mg$　　⑥ $\sqrt{3}\,mg$

B 次の図のように，水平な地面上の点Cの鉛直上方，高さhに小球Bがあり，地面上に小球Aがある。A，B間の距離はlである。小球Bを静かに放すと同時に，小球AをBに向けて投げ出した。

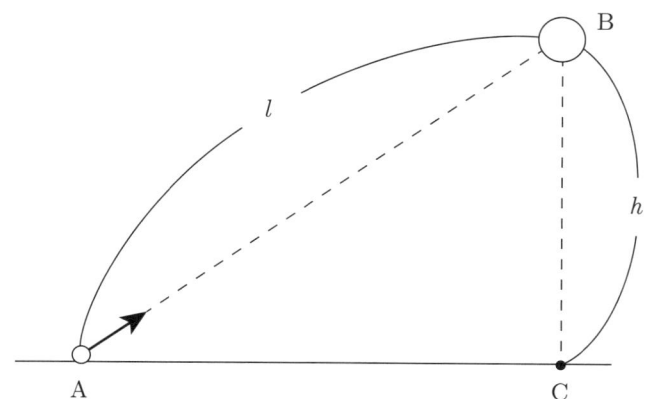

問2 小球Aの速さがいくらの時に，AとBは空中$\frac{h}{2}$のところで衝突するか。正しいものを，次の①〜⑤の中から一つ選びなさい。　**2**

① $2l\sqrt{\dfrac{g}{h}}$　　② $l\sqrt{\dfrac{g}{h}}$　　③ $l\sqrt{\dfrac{2g}{h}}$　　④ $l\sqrt{\dfrac{g}{2h}}$　　⑤ $\dfrac{l}{2}\sqrt{\dfrac{g}{2h}}$

第3回　実戦問題

C 次の図のように，十分高い水平な台から，ある質量の小物体が，水平に飛び出した。飛び出る瞬間を 0 s とする。運動中の小物体は空気抵抗を受ける。

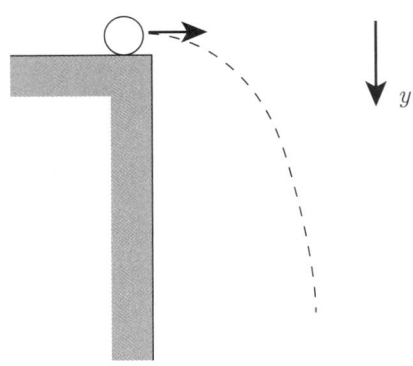

問3　鉛直方向に y 軸をとり，下向きを正の向きとする場合，y 方向の速度変化はどのように表されるか。最も適当なものを，次の①～⑥の中から一つ選びなさい。　**3**

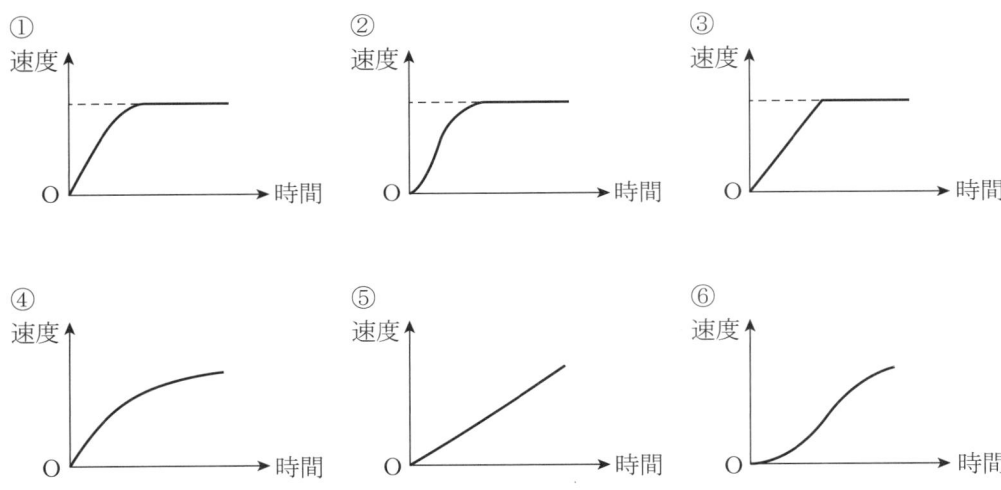

D 次の図のように，長さ l の軽い糸で天井から小球をつるした。糸が張ったまま，糸と鉛直方向となす角度が θ_1 になる点 A まで小球を持ち上げ静かに放すと，小球は鉛直面内で半径 l の円弧にそって往復運動をし始める。小球が円弧の最下点 B を通過する瞬間に糸の中間に釘を固定したところ，小球は半径 $\frac{l}{2}$ の円弧にそって運動しはじめ，鉛直方向となす角度が θ_2 になる点 C まで上がって再びもどった。

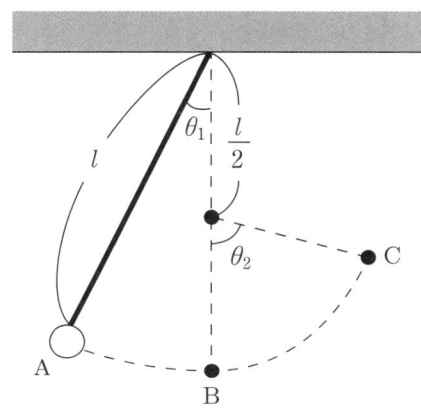

問4 θ_1 と θ_2 が十分に小さい場合，小球の運動は単振動とみなせる。小球が点 A から点 B まで運動する時間を t とすると，点 B から点 C まで運動し，再び点 B まで戻ってくるまでの時間はどのように表されるか。正しいものを，次の①〜④の中から一つ選びなさい。

4

① $\sqrt{2}\,t$ ② $2t$ ③ $\dfrac{\sqrt{2}}{2}t$ ④ $\dfrac{1}{2}t$

第3回 実戦問題

E 次の図のように，質量 m の物体を乗せた質量 M の台を，水平でなめらかな床の上で等速直線運動させる。物体と台が運動する前方には，一端が壁に固定されているばね定数 k の軽いばねがある。台の上面は水平であり，台と物体の間の静止摩擦係数を μ とする。

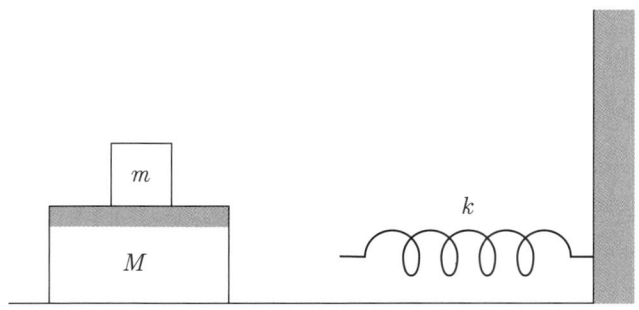

問5 台を速さ v でばねに衝突させた。ばねの縮みが x を超えたところで物体が台の上ですべりはじめた。その縮み x はどのように表されるか，またその時物体の速さ w はいくらか。最も正しい組み合わせを，次の①〜⑥の中から一つ選びなさい。 5

	縮み x	物体の速さ w
①	$\dfrac{\mu M g}{k}$	$\sqrt{v^2 + \dfrac{\mu^2 M g^2}{k}}$
②	$\dfrac{\mu M g}{k}$	$\sqrt{v^2 - \dfrac{\mu^2 M g^2}{k}}$
③	$\dfrac{\mu m g}{k}$	$\sqrt{v^2 + \dfrac{\mu^2 m g^2}{k}}$
④	$\dfrac{\mu m g}{k}$	$\sqrt{v^2 - \dfrac{\mu^2 m g^2}{k}}$
⑤	$\dfrac{\mu (m+M) g}{k}$	$\sqrt{v^2 + \dfrac{\mu^2 (m+M) g^2}{k}}$
⑥	$\dfrac{\mu (m+M) g}{k}$	$\sqrt{v^2 - \dfrac{\mu^2 (m+M) g^2}{k}}$

F 次の図のように，人工衛星が地球を一つの焦点とした楕円軌道上で運動している。

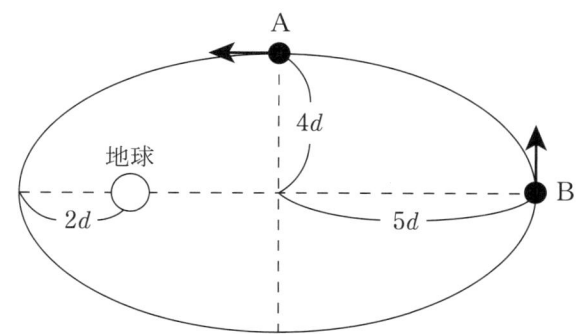

問6 楕円軌道上で，短軸上の点Aにおける運動エネルギーK_Aは，地球から最も離れた点Bにおける運動エネルギーK_Bの何倍であるか。正しいものを，次の①〜⑥の中から一つ選びなさい。 **6**

① 2　　　② 4　　　③ $\dfrac{1}{2}$

④ $\dfrac{1}{4}$　　⑤ $\dfrac{5}{3}$　　⑥ $\dfrac{5}{4}$

第3回　実戦問題

II 次の問い A（問1），B（問2），C（問3）に答えなさい。

A 断熱容器に90℃の500gの水がある。水の比熱を4.2J/(g・K)，氷の融解熱を3.3×10^2J/gとする。

問1　0℃，20gの氷を何回容器にいれたら，氷が融けて水の温度が20℃を下回るか。最も適当な値を，次の①〜⑥の中から一つ選びなさい。　**7**

① 16　　② 17　　③ 18　　④ 19　　⑤ 20　　⑥ 21

B 次の図のように,一定量の単原子分子理想気体の状態をそれぞれ A から B, A から C へ変化させる。

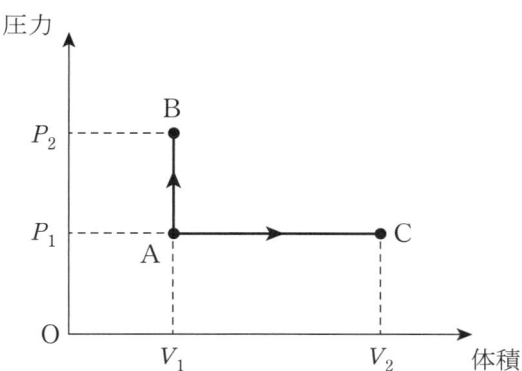

問 2 A から C へ変化する過程で吸収した熱量を Q とすると,A から B へ変化する過程で吸収した熱量はどのように表されるか。正しいものを,次の①〜⑥の中から一つ選びなさい。 **8**

① $\dfrac{3(P_2-P_1)V_1}{5P_1(V_2-V_1)}Q$ ② $\dfrac{(P_2-P_1)V_1}{P_1(V_2-V_1)}Q$ ③ $\dfrac{3(P_1-P_2)V_1}{5P_1(V_2-V_1)}Q$

④ $\dfrac{(P_1-P_2)V_1}{P_1(V_2-V_1)}Q$ ⑤ $\dfrac{3(P_2-P_1)V_1}{5P_2(V_2-V_1)}Q$ ⑥ $\dfrac{(P_2-P_1)V_1}{P_2(V_2-V_1)}Q$

第3回　実戦問題

C　次の図のように，水平な台の上に，軸Oを中心として，角速度ωで回転できる水平な円板がある。円板の半径に沿って，一端が開いたシリンダーが設置されている。シリンダー内にはなめらかに動くことが出来るピストンと体積と質量が無視できる温度調整器があり，単原子分子理想気体が入っている。ピストンの質量はmであり，断面積がSである。ピストンの厚みは無視できるものとする。シリンダーとピストンは断熱材で作られていて，気体は温度調整器とだけ熱のやり取りがあるものとする。また，大気圧はP_0一定で，シリンダーとピストンの断面直径は円板の直径と比べて十分に小さく，シリンダー内の気体の圧力は一様であるとする。

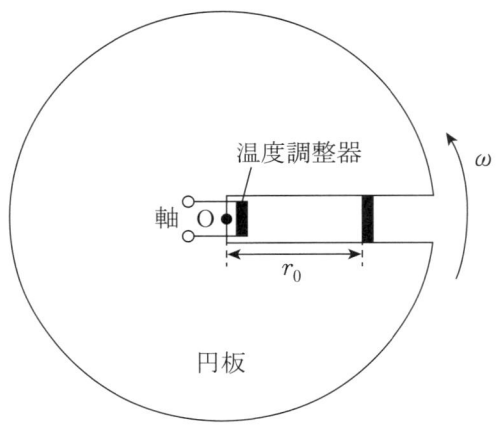

問3　円板が静止するとき，軸までの距離がr_0のところでピストンが静止した。その後，円板が角速度ωで回転することで，ピストンが半径方向に動きrのところで静止した。気体の温度が常に一定であるとするとき，角速度ωはどのように表されるか。正しいものを，次の①〜⑥の中から一つ選びなさい。　9

① $\dfrac{1}{r}\sqrt{\dfrac{P_0 S r_0}{m}}$　　② $\dfrac{1}{2r}\sqrt{\dfrac{P_0 S r_0}{m}}$　　③ $\dfrac{1}{r}\sqrt{\dfrac{P_0 S r}{m}}$

④ $\dfrac{1}{2r}\sqrt{\dfrac{P_0 S r}{m}}$　　⑤ $\dfrac{1}{r}\sqrt{\dfrac{P_0 S (r-r_0)}{m}}$　　⑥ $\dfrac{1}{2r}\sqrt{\dfrac{P_0 S (r-r_0)}{m}}$

III 次の問い A（問1），B（問2），C（問3）に答えなさい。

A 次の図のように，x 軸の正の向きに伝わる正弦波がある。図は時刻 $t=0$ s の各位置 x の変位 y を表すグラフである。座標 $x=3$ の位置にある媒質が初めて逆位相になるのに 4s かかった。

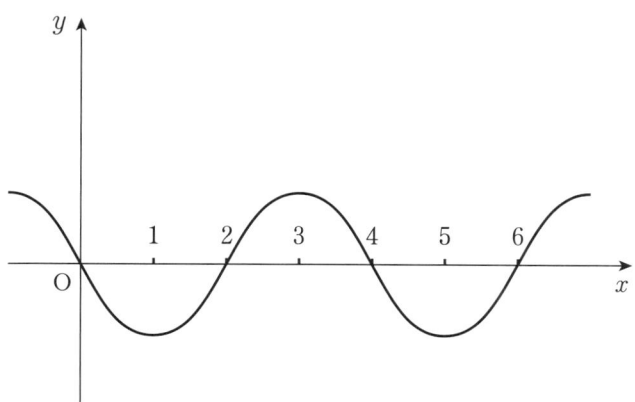

問1 原点 $x=0$ の時間 t に対する変位 y のグラフはどのようになるか。最も適当なものを，次の①〜⑧の中から一つ選びなさい。　**10**

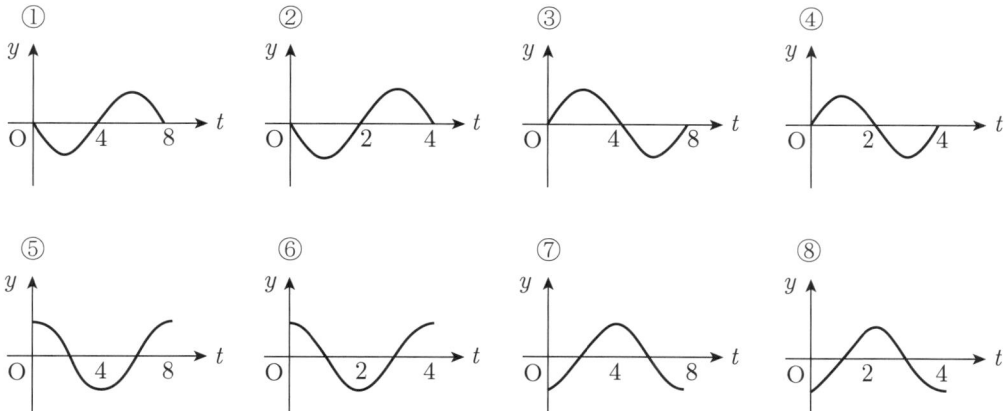

第3回　実戦問題

B 次の図のように，振動数 f_0 の音を発生させるスピーカーが点Sから点Aに向かって一定の速さで移動し，点Aを通過した。

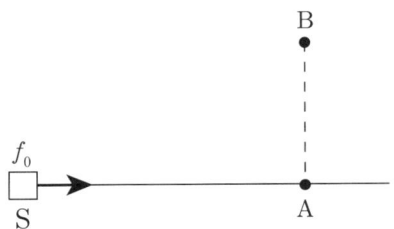

問2　スピーカーが移動するとき，点Aと点Bから聴こえる音の振動数 f はそれぞれのように変化するか。最も適当な組み合わせを，次の①～⑥の中から一つ選びなさい。　11

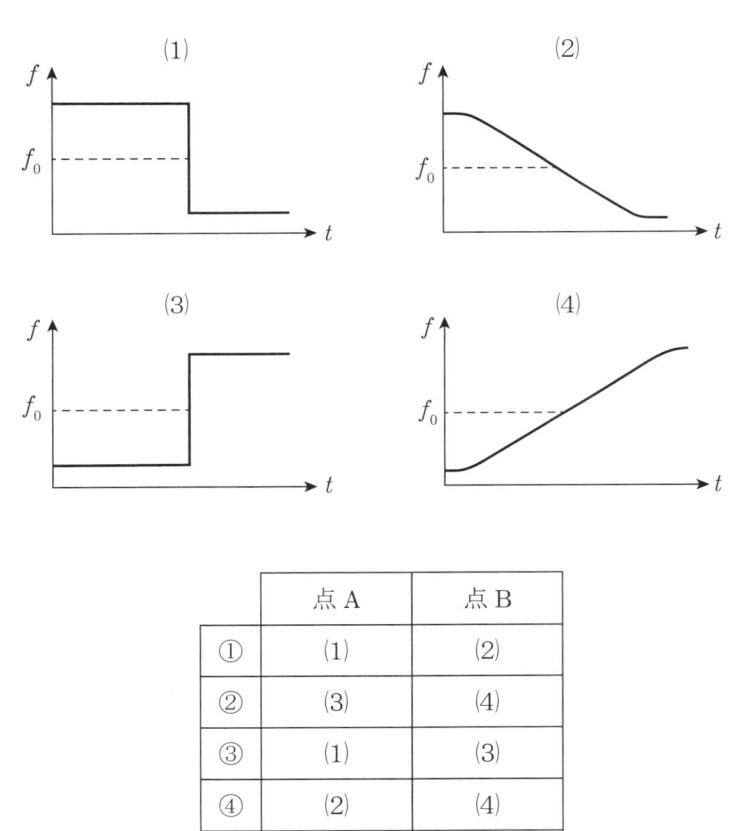

	点A	点B
①	(1)	(2)
②	(3)	(4)
③	(1)	(3)
④	(2)	(4)
⑤	(1)	(4)
⑥	(2)	(3)

C 次の図のように，薄い凹レンズの光軸上でレンズから距離 a の位置に物体を置いたところ，レンズから距離 b の位置に物体の虚像ができた。この物体を光軸に対して平行でレンズから遠ざかる向きに，レンズの焦点距離，及び a, b よりも十分に小さい距離 Δa だけ動かした。

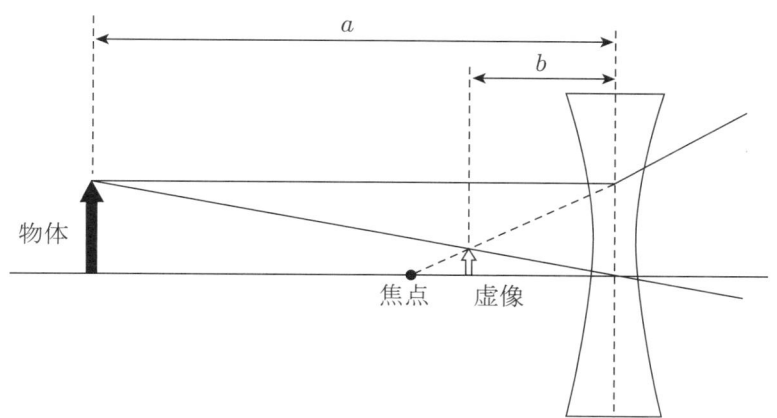

問3 虚像の移動距離はどのように表されるか。ただし，$|x|$ が 1 よりきわめて小さいとし，近似式 $\dfrac{1}{1+x} \fallingdotseq 1-x$ を用いてもよい。正しいものを，次の①〜⑧の中から一つ選びなさい。 $\boxed{12}$

① $\dfrac{a}{b}\Delta a$ ② $\dfrac{b}{a}\Delta a$ ③ $\dfrac{ab}{\Delta a}$ ④ $\dfrac{\Delta a}{ab}$

⑤ $\dfrac{a^2}{b}\Delta a$ ⑥ $\dfrac{b^2}{a}\Delta a$ ⑦ $\left(\dfrac{a}{b}\right)^2\Delta a$ ⑧ $\left(\dfrac{b}{a}\right)^2\Delta a$

第3回 実戦問題

IV 次の問い A（問1），B（問2），C（問3），D（問4），E（問5），F（問6）に答えなさい。

A 次の図のように，xy 座標面上の点 $A(-r, 0)$ と点 $B(r, 0)$ にそれぞれ電気量 $-q\,(q>0)$ の点電荷と電気量 $+q$ の点電荷が固定されている。

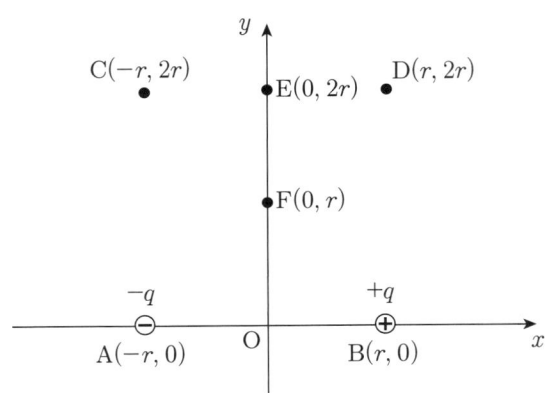

問1 点 F における電場を y 軸の負の方向にするためには，点 C，D，E の中でどの点にどれぐらいの電気量の点電荷を置けばよいか。最も適当な組み合わせを，次の①〜⑥の中から一つ選びなさい。 **13**

	点電荷の置く場所	点電荷の電気量
①	C	$2q$
②	C	$-2q$
③	D	$\sqrt{2}\,q$
④	D	$-\sqrt{2}\,q$
⑤	E	$\dfrac{\sqrt{2}}{2}q$
⑥	E	$-\dfrac{\sqrt{2}}{2}q$

B 次の図のように，同じ形の薄い金属板A，B，Cを極板とする平行板コンデンサーを含む回路がある。はじめ，極板BはAから距離dだけ離れていて，端子aとbを接続し，起電力V_0の電池と接続した。

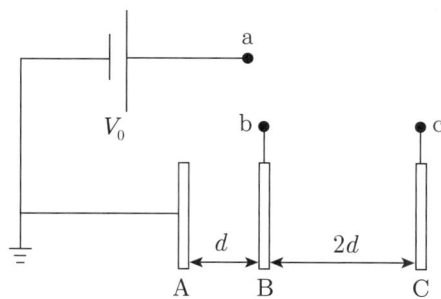

問2 じゅうぶん時間がたった後，端子aとbの接続を切り，端子aとcを接続した。極板Bを両極板AとCの間でゆっくり移動させると，極板A，B間の電圧V_{AB}はどのように変化するか。Cの位置を基準として，BとCの距離をxとする。最も適当なものを，次の①〜⑥の中から一つ選びなさい。

14

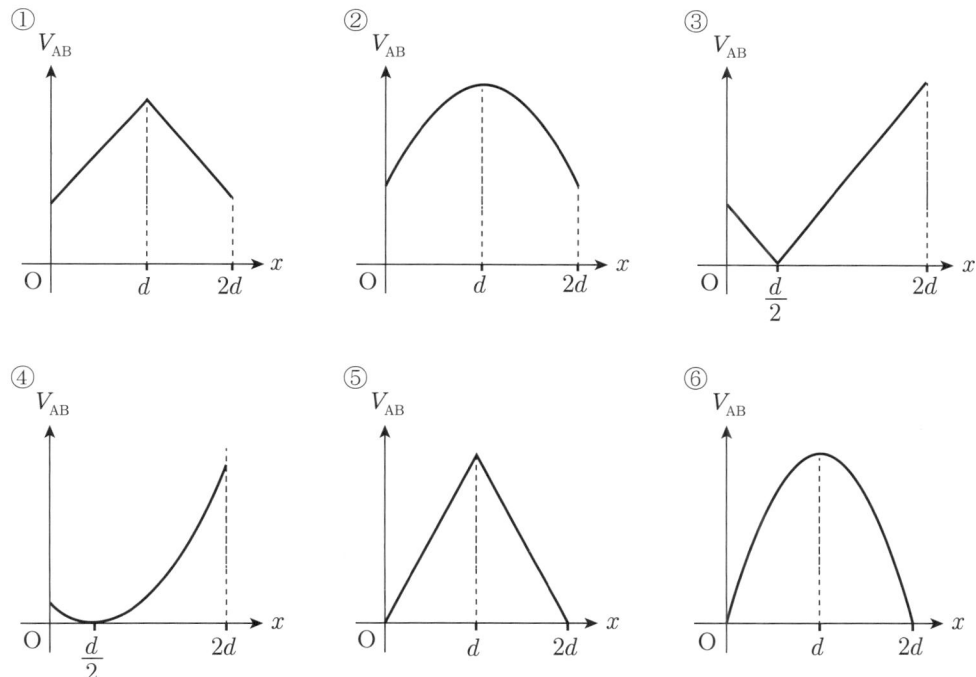

第3回　実戦問題

C 次の図のように，電圧 V の直流電源，抵抗値それぞれ R と $2R$ の抵抗器 R_1, R_2，自己インダクタンス L のコイル，スイッチ S と電流計を接続した回路がある。抵抗器以外の電気抵抗はすべて無視できるものとする。はじめスイッチ S は開いており，回路に電流は流れていない。この状態から，スイッチ S を閉じてじゅうぶんに時間を経過させ，スイッチ S を開いた。

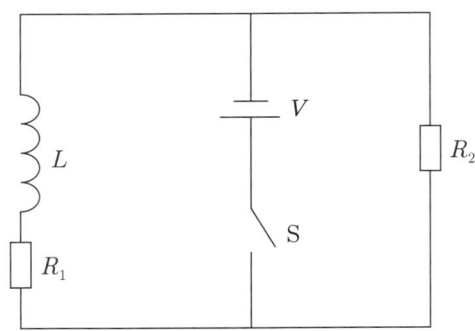

問3　スイッチを開いてからじゅうぶんに時間が経過するまでの間，抵抗器 R_2 が消費したエネルギーとして正しいものを，次の①〜⑥の中から一つ選びなさい。　15

① $\dfrac{V^2}{6R}$　　② $\dfrac{V^2}{3R}$　　③ $\dfrac{V^2}{2R}$

④ $\dfrac{LV^2}{6R^2}$　　⑤ $\dfrac{LV^2}{3R^2}$　　⑥ $\dfrac{LV^2}{2R^2}$

D 図1のように，y軸と交差する十分に長い導線Aと導線Bがある。導線Aはz軸と平行であり，導線Bはx軸と平行である。導線AとBには図で示される方向に大きさIの電流が流れている。

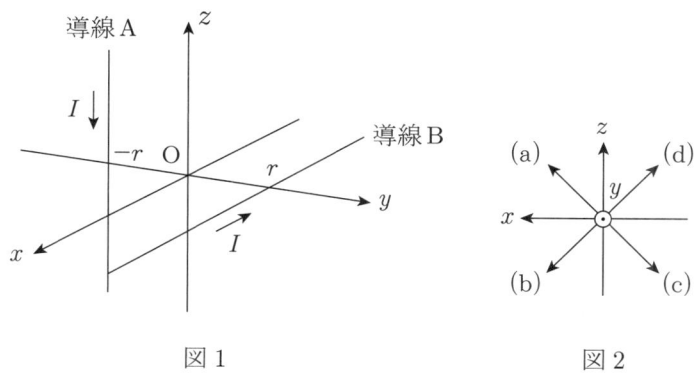

図1　　　　　図2

問4　原点Oにおける磁場の向きは図2の中で示された方向のどれか。また，磁場の強さはどのように表されるか。最も適当な組み合わせを，次の①～⑧の中から一つ選びなさい。**16**

	磁場の向き	磁場の大きさ
①	(a)	$\dfrac{I}{2\pi r}$
②	(a)	$\dfrac{\sqrt{2}\,I}{2\pi r}$
③	(b)	$\dfrac{I}{2\pi r}$
④	(b)	$\dfrac{\sqrt{2}\,I}{2\pi r}$
⑤	(c)	$\dfrac{I}{2\pi r}$
⑥	(c)	$\dfrac{\sqrt{2}\,I}{2\pi r}$
⑦	(d)	$\dfrac{I}{2\pi r}$
⑧	(d)	$\dfrac{\sqrt{2}\,I}{2\pi r}$

第3回 実戦問題

E 次の図のように，鉄心と1回巻きのリング，N回巻きのコイルを用いた装置がある。外部電源からコイルに電流を流し，図の矢印の向きを正として鉄心を貫く磁束φを発生させる。磁束φは時間tと比例し，一定の比率kで増加する。また，リングの抵抗値はRである。

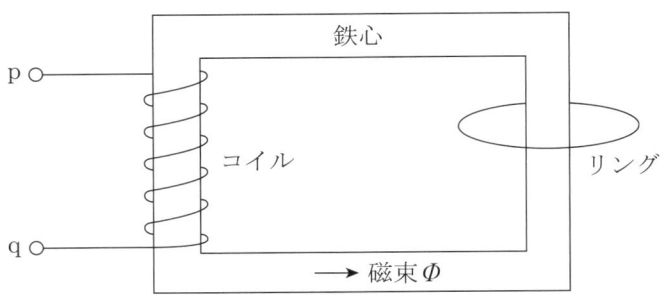

問5 コイルに流れる電流の向きはどうなるか。また，リングで生じる単位時間あたりのジュール熱はいくらか。正しい組み合わせを，次の①〜⑥の中から一つ選びなさい。 **17**

	電流の向き	単位時間当たりのジュール熱
①	p→コイル→q	$\dfrac{R^2}{2k}$
②	q→コイル→p	$\dfrac{R^2}{k}$
③	p→コイル→q	$\dfrac{4R^2}{k}$
④	q→コイル→p	$\dfrac{k^2}{2R}$
⑤	p→コイル→q	$\dfrac{k^2}{R}$
⑥	q→コイル→p	$\dfrac{2k^2}{R}$

F 次の図のように，電気容量 C のコンデンサーと自己インダクタンス L のコイルが起電力 $V = V_0 \sin\omega t$ の交流電源とつないでいる。電源から出る電流を $I = I_0 \sin\omega t$ とし，コンデンサーを通る電流を I_C，コイルを通る電流を I_L とする。また，交流電源の電圧実効値を V_e とする。

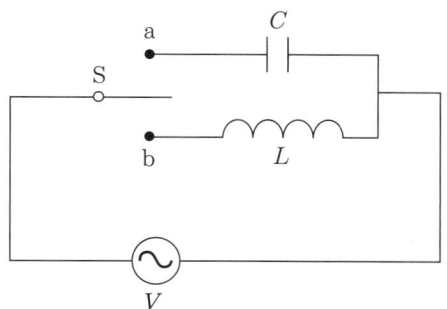

問6 スイッチ S を端子 a に入れたとき，時刻 t のコンデンサーの消費電力 P_C はどのように表されるか。また，スイッチ S を端子 b に入れたとき，時刻 t のコイルの消費電力 P_L はどのように表されるか。最も適当な組み合わせを，次の①〜⑥の中から一つ選びなさい。

18

	P_C	P_L
①	$V_e^2 \omega C \sin\omega t$	$\dfrac{V_e^2}{\omega L} \sin\omega t$
②	$V_e^2 \omega C \sin\omega t$	$-\dfrac{V_e^2}{\omega L} \sin\omega t$
③	$V_e^2 \omega C \sin 2\omega t$	$\dfrac{V_e^2}{\omega L} \sin 2\omega t$
④	$V_e^2 \omega C \sin 2\omega t$	$-\dfrac{V_e^2}{\omega L} \sin 2\omega t$
⑤	$\dfrac{V_e^2 \omega C}{2} \sin 2\omega t$	$\dfrac{V_e^2}{2\omega L} \sin 2\omega t$
⑥	$\dfrac{V_e^2 \omega C}{2} \sin 2\omega t$	$-\dfrac{V_e^2}{2\omega L} \sin 2\omega t$

第3回 実戦問題

V 次の問い A（問1）に答えなさい。

A 次の図1で示されるのが，光電効果を調べるための光電管試験装置である。光電管の陰極の金属に振動数 ν の光を当てると，金属表面から運動エネルギーの最大値が K_0 の光電子が飛び出す。ν と K_0 は図2のようになる。また，陰極に強さ I で波長 λ_0 の光を当てると，電流計を流れる光電流の強さ i と，陰極に対する陽極の電位 V の関係が図3のようになる。

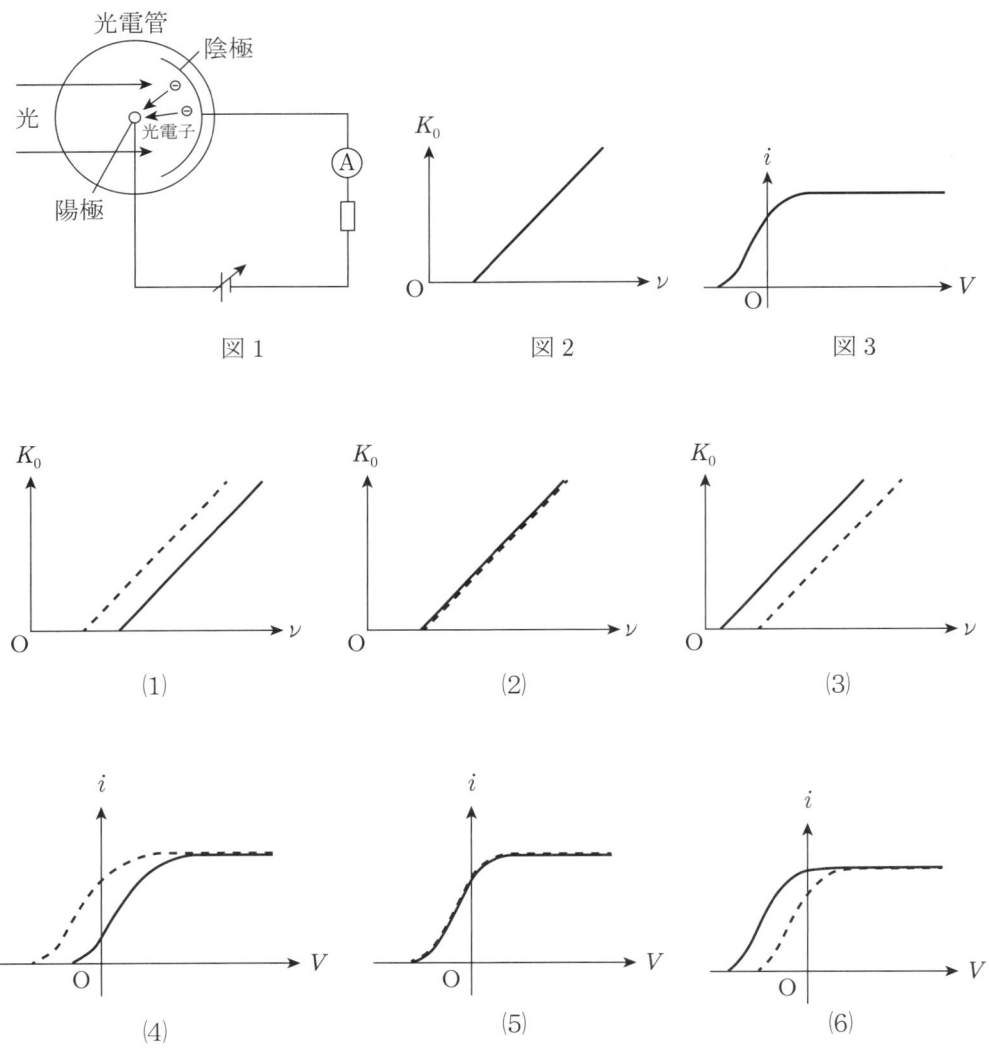

図1　　図2　　図3

(1)　(2)　(3)

(4)　(5)　(6)

問1 陰極にIより強い光を当てるとき,νとK_0の関係を示すグラフはどのようになるか。また,陰極に波長がより長いλ_1の光を当てるとき,iとVの関係を示すグラフはどのようになるか。なお,虚線は変化後のグラフを意味する。最も正しい組み合わせを,次の①〜⑨の中から一つ選びなさい。 $\boxed{19}$

	νとK_0の関係	iとVの関係
①	(1)	(4)
②	(1)	(5)
③	(1)	(6)
④	(2)	(4)
⑤	(2)	(5)
⑥	(2)	(6)
⑦	(3)	(4)
⑧	(3)	(5)
⑨	(3)	(6)

物理の問題はこれで終わりです。解答欄の$\boxed{20}$〜$\boxed{75}$はマークしないでください。
解答用紙の科目欄に「物理」が正しくマークしてあるか,もう一度確かめてください。

この問題冊子を持ち帰ることはできません。

第4回

実戦問題
解答時間 35分

正解と得点分布図確認

QRコードを読み取ってオンライン解答用紙に解答を記入し、正解と得点分布を確認してください。

物理

「解答科目」記入方法

解答科目には「物理」,「化学」,「生物」がありますので,この中から2科目を選んで解答してください。選んだ2科目のうち,1科目を解答用紙の表面に解答し,もう1科目を裏面に解答してください。

「物理」を解答する場合は,右のように,解答用紙にある「解答科目」の「物理」を○で囲み,その下のマーク欄をマークしてください。

科目が正しくマークされていないと,採点されません。

第4回 実戦問題

I 次の問い **A**(問1), **B**(問2), **C**(問3), **D**(問4), **E**(問5), **F**(問6)に答えなさい。
ただし,重力加速度の大きさを g とし,空気の抵抗は無視できるものとする。

A 次の図のように,長さ L の一様な棒 AB が支柱 P,Q で水平に支えられている。棒 AB は A 端から支柱 P までの距離 x が $0 \leqq x \leqq \dfrac{L}{2}$ の範囲で水平を保ったまま動くことができる。支柱 Q は常に B 端と $\dfrac{L}{4}$ 離れたところで固定されている。

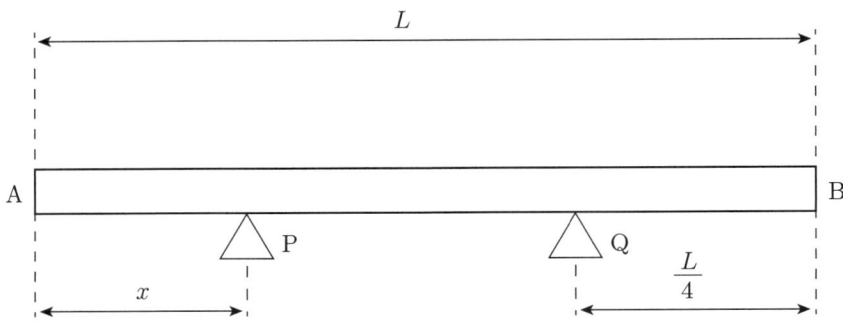

問1 棒 AB が支柱 Q から受ける垂直抗力の大きさを N_Q とすると,N_Q と x の関係はどのように表されるか。最も適当なものを,次の①~⑥の中から一つ選びなさい。 **1**

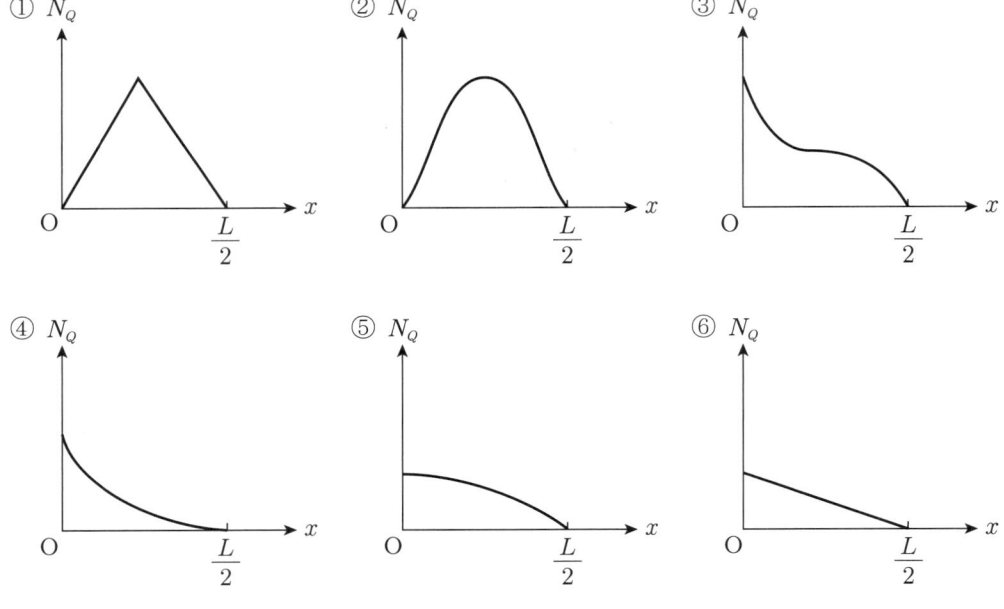

B 次の図のように,水平でなめらかな地面上に質量 M の台と質量 m の小球が重ねて静止している。台と小球は地面に垂直の壁と距離 L だけ離れている。小球を地面となす角度 θ の向きに速度 v で発射したところ,小球は壁と弾性衝突をし,もどってくる。台と小球の間には摩擦力がはたらく。また,台と小球の大きさは無視できるものとする。

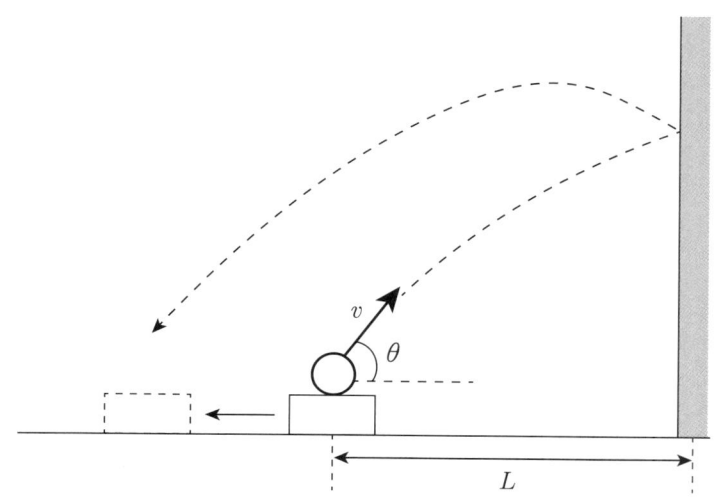

問2 もどってきた小球が台と接触するために,初期位置の距離 L をどれぐらいの大きさにすればよいか。正しいものを,次の①~⑥の中から一つ選びなさい。 　2

① $\dfrac{v^2\sin 2\theta}{2g}\left(1+\dfrac{m}{M}\right)$ 　　② $\dfrac{v^2\sin 2\theta}{2g}\left(1-\dfrac{m}{M}\right)$ 　　③ $\dfrac{v^2\sin 2\theta}{2g}\left(1+\dfrac{M}{m}\right)$

④ $\dfrac{v^2\sin 2\theta}{2g}\left(1-\dfrac{M}{m}\right)$ 　　⑤ $\dfrac{mv^2\sin 2\theta}{2Mg}$ 　　⑥ $\dfrac{Mv^2\sin 2\theta}{2mg}$

第4回 実戦問題

C 次の図のように,地面に垂直方向にばね定数 k の軽いばねがたてられその上に質量 M の板が固定されて静止している。次に,質量 $m(m<M)$ の小球を板から高さ h のところから自由落下させ,板と衝突した。小球と板は弾性衝突をした。板が運動するときは常に地面と平行であるとする。

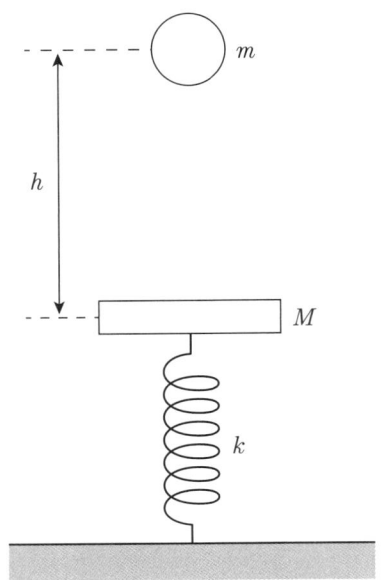

問3 衝突後,板が単振動しはじめた。単振動の振幅はどのように表されるか。最も適当なものを,次の①〜⑥の中から一つ選びなさい。　3

① $\dfrac{2m}{M+m}\sqrt{\dfrac{2Mgh}{k}}$　　② $\dfrac{2m}{M+m}\sqrt{\dfrac{Mgh}{k}}$　　③ $\dfrac{2m}{M-m}\sqrt{\dfrac{2Mgh}{k}}$

④ $\dfrac{2m}{M-m}\sqrt{\dfrac{Mgh}{k}}$　　⑤ $\dfrac{m}{M+m}\sqrt{\dfrac{2Mgh}{k}}$　　⑥ $\dfrac{m}{M+m}\sqrt{\dfrac{Mgh}{k}}$

D 次の図のように，水平な路面上に車が等速運動をしている。車内の床には風船が軽い糸を介してつながれている。糸は常に張った状態をたもっている。

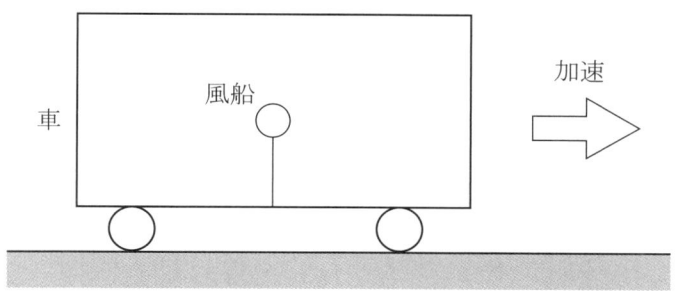

問4 車が前に加速するとき，車内にいる人から見た風船が受ける力はどのように表されるか。最も適当なものを，次の①〜⑧の中から一つ選びなさい。　4

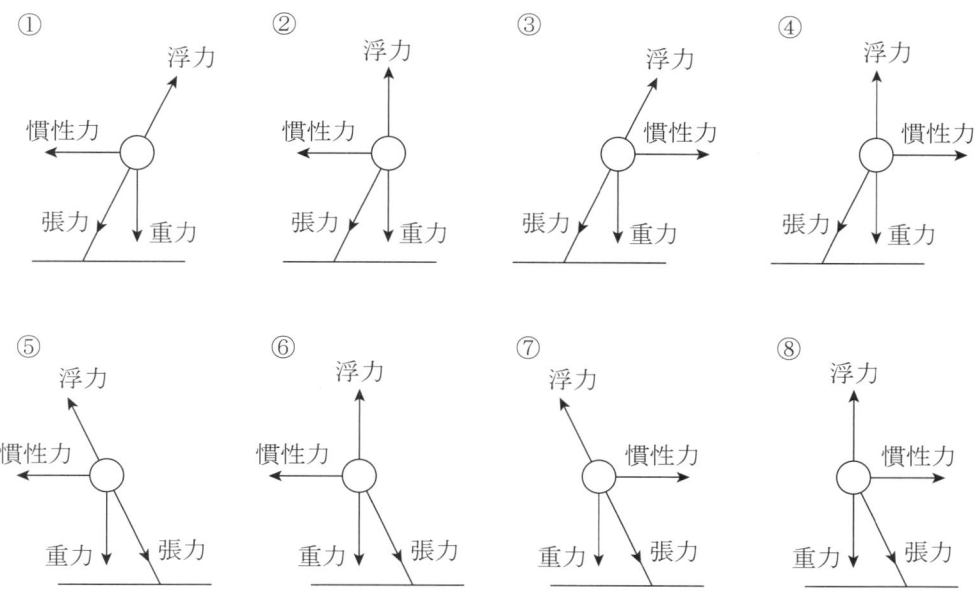

第4回　実戦問題

E 次の図1のように，質量 m の小球Aと質量 $2m$ の小球Bに，それぞれ軽くて伸縮しない糸をつけて天井からつるし，2本の糸が鉛直になる状態でA，Bを静止させた。このとき小球A，Bは，中心の高さが一致する状態で接しているものとする。次に，図2のように，小球Aを左上方に高さ $2h$ 持ち上げて静かにはなしたところ，小球Bと衝突した。小球Aはその場で静止し，小球Bは高さ $\dfrac{h}{2}$ だけ上昇し，引き返し始めた。

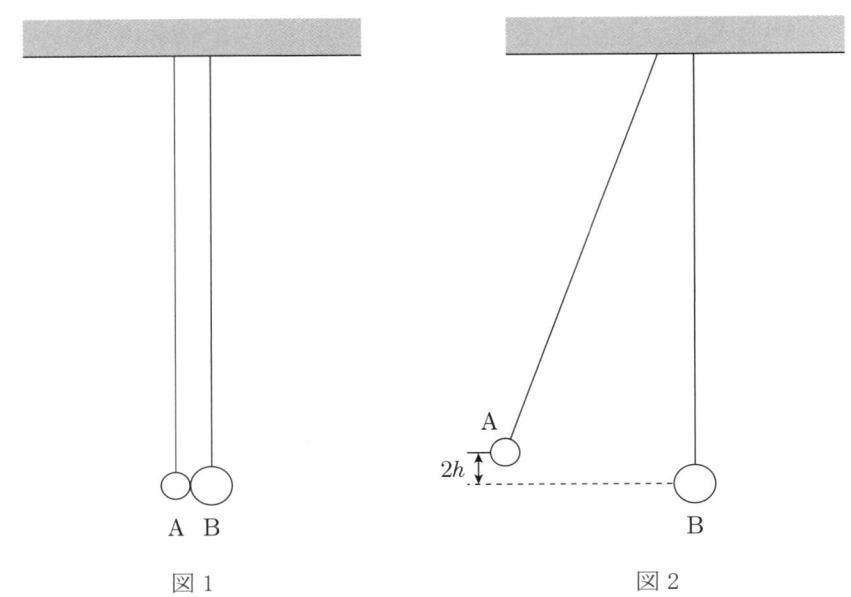

図1　　　　図2

問5 2回目の衝突後，小球Aが到達する最高点の高さはAの初期位置の高さの何倍になるか。正しいものを，次の①〜⑥の中から一つ選びなさい。　**5**

① 0　　② $\dfrac{1}{4}$　　③ $\dfrac{7}{16}$

④ $\dfrac{1}{2}$　　⑤ $\dfrac{9}{16}$　　⑥ $\dfrac{3}{4}$

F 次の図のように，地球の中心を中心とする半径 r の円軌道上を，等速円運動する人工衛星がある。万有引力定数を G，地球の質量を M，人工衛星の質量を m とし，地球の運動や他の天体の影響は無視できるものとする。

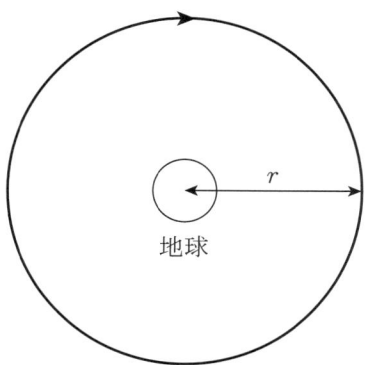

問6 人工衛星の速さはどのように表されるか。正しいものを，次の①〜⑧の中から一つ選びなさい。　6

① $\dfrac{\sqrt{2Gm}}{r}$　　② $\dfrac{\sqrt{2GM}}{r}$　　③ $\sqrt{\dfrac{Gm}{r}}$　　④ $\sqrt{\dfrac{GM}{r}}$

⑤ $\sqrt{\dfrac{2Gm}{r}}$　　⑥ $\sqrt{\dfrac{2GM}{r}}$　　⑦ $\sqrt{Gm}$　　⑧ $\sqrt{GM}$

第4回　実戦問題

II 次の問い A（問1），B（問2），C（問3）に答えなさい。

A 金属容器の中に水 100g が入っており，全体の温度が 20℃にたもたれている。水の比熱を 4.2J/(g・K) とし，外部との熱の出入りはないものとする。

問1　さらに 50℃の水 200g を入れてしばらく放置したところ，全体の温度が 30℃で一定になった。金属容器の熱容量はいくらか。正しいものを，次の①〜④の中から一つ選びなさい。　**7**

① 1.1×10^3　　② 1.2×10^3　　③ 1.3×10^3　　④ 1.4×10^3

B 次の圧力と体積のグラフのように，一定量の単原子分子理想気体の状態を A → B → C → D → A の一サイクルで変化させた。A → B と C → D は等温変化で，B → C と D → A は断熱変化である。

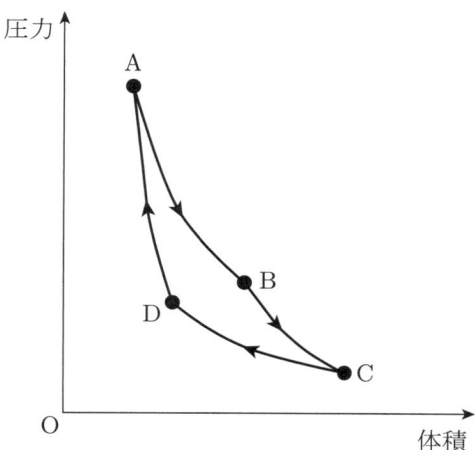

問 2 このサイクルの中で吸熱過程はどれか。また，状態 B から C の変化で気体がした仕事 W_{BC} の大きさと状態 D から A の変化で気体がされた仕事 W_{DA} の大きさの関係はどのようになるか。正しい組み合わせを，次の①〜⑥の中から一つ選びなさい。 8

	吸熱過程	仕事の大きさ
①	A → B	$|W_{BC}| < |W_{DA}|$
②	C → D	$|W_{BC}| < |W_{DA}|$
③	A → B	$|W_{BC}| = |W_{DA}|$
④	C → D	$|W_{BC}| = |W_{DA}|$
⑤	B → C	$|W_{BC}| > |W_{DA}|$
⑥	D → A	$|W_{BC}| > |W_{DA}|$

第4回 実戦問題

C 次の図1のように，なめらかに動くピストンがついた断面積 S，質量 m のシリンダーに単原子分子理想気体を閉じ込め，シリンダーが鉛直に動くように，ピストンを天井に棒で固定した。気体はヒーターで温めることが出来る。ピストンとシリンダーは断熱材でできている。最初図1のところでシリンダーが静止した。大気圧を P_0 とする。ヒーターの質量は無視できるものとする。

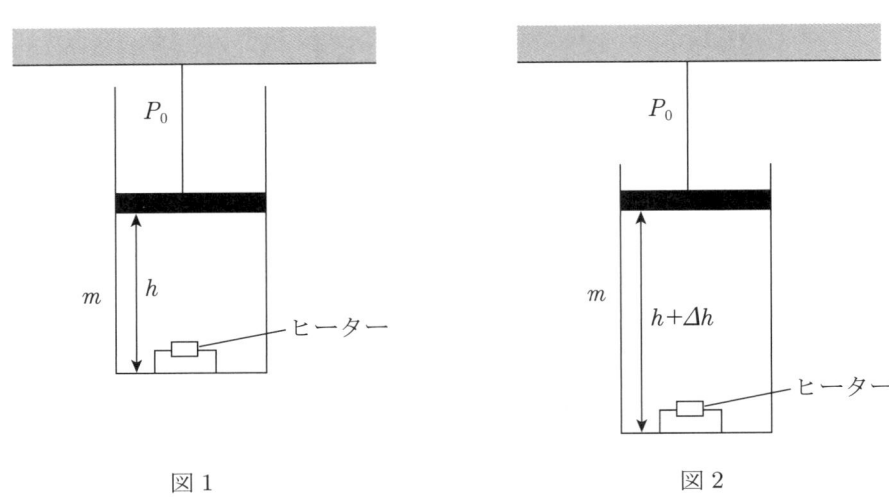

図1　　　　　　　　図2

問3　シリンダー内の気体をヒーターで温めると，シリンダーがゆっくり下がり，図2の状態で静止した。この過程で気体が与えられた熱量はどのように表されるか。正しいものを，次の①〜⑥の中から一つ選びなさい。　**9**

① $\dfrac{3}{2}P_0 S \Delta h$　　　② $\dfrac{5}{2}P_0 S \Delta h$　　　③ $\dfrac{3}{2}(P_0 S - mg)\Delta h$

④ $\dfrac{3}{2}(P_0 S + mg)\Delta h$　　　⑤ $\dfrac{5}{2}(P_0 S - mg)\Delta h$　　　⑥ $\dfrac{5}{2}(P_0 S + mg)\Delta h$

III 次の問い A（問 1），B（問 2），C（問 3）に答えなさい。

A x軸の正の向きに伝わる縦波がある。図 1 は時刻 $t = 0\text{s}$ の各位置 x の変位 y の関係を表すグラフであり，図 2 は原点 O の時間 t と変位 y の関係を表すグラフである。

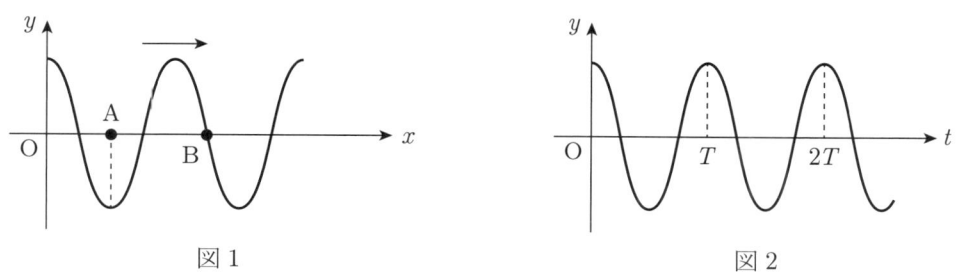

図 1　　　　　　　　　　　　図 2

問 1　位置 A と B の密度が最も大きくなるのはそれぞれ何秒後か。正しい組み合わせを，次の①〜⑥の中から一つ選びなさい。　10

	位置 A	位置 B
①	T	T
②	$\frac{1}{2}T$	T
③	$\frac{1}{4}T$	T
④	T	$\frac{1}{2}T$
⑤	$\frac{1}{2}T$	$\frac{1}{2}T$
⑥	$\frac{1}{4}T$	$\frac{1}{2}T$

第4回 実戦問題

B 次の図のように，水槽に水を入れ，振動する板を水面に当てることで水面波を生じさせる。板は水面に対して垂直に振動し，板の厚さは無視できるものとする。水面波の伝わる速さは V である。板を振動させながら，壁面 P に向かって速さ $v(v<V)$ で運動させる。ただし，振動板は壁面 P に十分離れている。

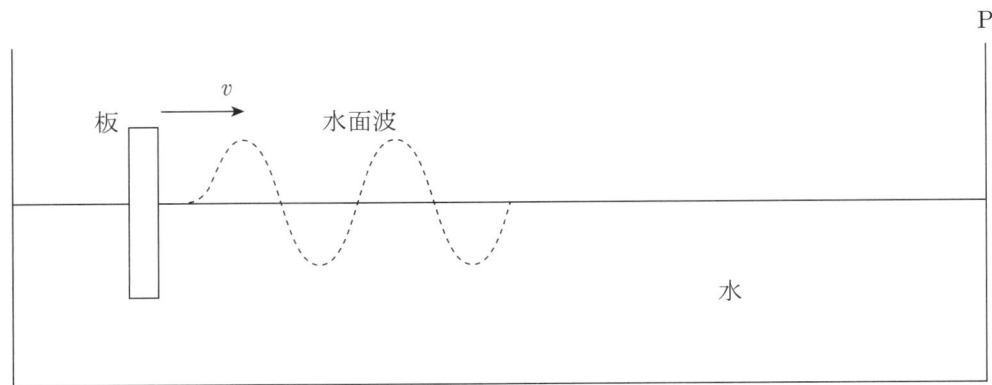

問2 板を時間 T だけ振動させると，振動する板により生じ，壁面 P で反射水面波が，速さ v で動いている板に初めて達してから完全に通過するまでの時間はどのように表されるか。なお，板は振動が止まった後でも壁面に向かって運動する。正しいものを，次の①〜⑥の中から一つ選びなさい。 **11**

① $\dfrac{V+v}{V-v}T$ ② $\dfrac{V-v}{V+v}T$ ③ $\dfrac{V+v}{V}T$

④ $\dfrac{V-v}{V}T$ ⑤ $\dfrac{V}{V+v}T$ ⑥ $\dfrac{V}{V-v}T$

C 次の図のように，媒質Ⅰと媒質Ⅱでできた光ファイバーがある。媒質Ⅰと媒質Ⅱの絶対屈折率はそれぞれ n_1, n_2 ($n_1 > n_2$) である。光ファイバーの左端おいて空気から媒質Ⅰに光を入射させる。ただし，光ファイバーは十分長いものとする。

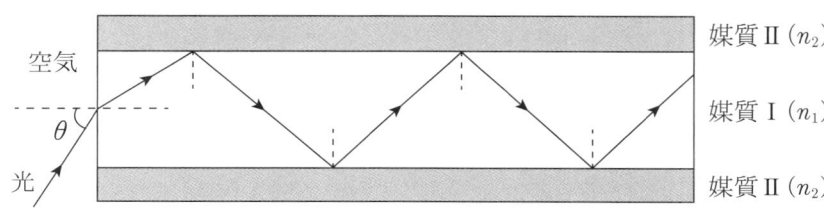

問3 光は媒質Ⅰの中だけで伝わるために光の入射角 θ の正弦値 $\sin\theta$ が満たすべき条件はなにか。正しいものを，次の①～⑥の中から一つ選びなさい。 12

① $\sin\theta > \sqrt{1-n_1^2}$ ② $\sin\theta < \sqrt{1-n_2^2}$ ③ $\sin\theta > \sqrt{n_2^2-n_1^2}$

④ $\sin\theta > \sqrt{n_1^2-n_2^2}$ ⑤ $\sin\theta < \sqrt{n_2^2-n_1^2}$ ⑥ $\sin\theta < \sqrt{n_1^2-n_2^2}$

第4回 実戦問題

IV 次の問い A(問1), B(問2), C(問3), D(問4), E(問5), F(問6)に答えなさい。

A 次の図のように, xy座標面上の点 A$(0, a)$ と点 C$(a, 0)$ に電気量 $-Q(Q > 0)$ の点電荷が固定されており, 点 O$(0, 0)$ と点 B(a, a) に電気量 $+2Q$ の点電荷が固定されている。

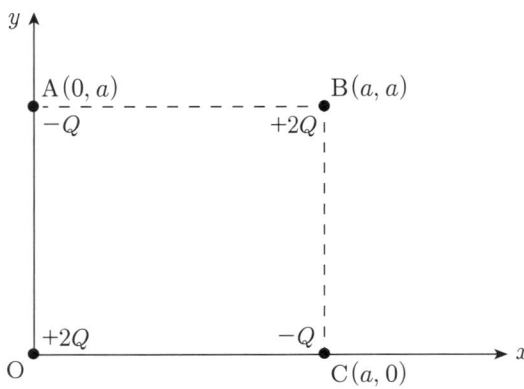

問1 点Cにおける点電荷が受ける静電気力の大きさはどのように表されるか。最も適当なものを, 次の①〜⑥の中から一つ選びなさい。　13

① $\dfrac{2\sqrt{2}+1}{2}\dfrac{kQ^2}{a^2}$
② $\dfrac{2\sqrt{2}-1}{2}\dfrac{kQ^2}{a^2}$
③ $\dfrac{4\sqrt{2}+1}{2}\dfrac{kQ^2}{a^2}$
④ $\dfrac{4\sqrt{2}-1}{2}\dfrac{kQ^2}{a^2}$
⑤ $\dfrac{\sqrt{2}+1}{2}\dfrac{kQ^2}{a^2}$
⑥ $\dfrac{\sqrt{2}-1}{2}\dfrac{kQ^2}{a^2}$

B 次の図のように，起電力 E の電池，電気容量が C の 2 つのコンデンサー，抵抗値がそれぞれ R，$2R$，$3R$ の 3 つの電気抵抗とスイッチ S_1，S_2 を接続した。最初，S_1 と S_2 は開いていて，コンデンサーには電荷が蓄えられていなかった。次に，スイッチ S_1 と S_2 を閉じてじゅうぶん時間が経過した後，スイッチ S_1 と S_2 を開いた。電池の内部抵抗は無視できるものとする。

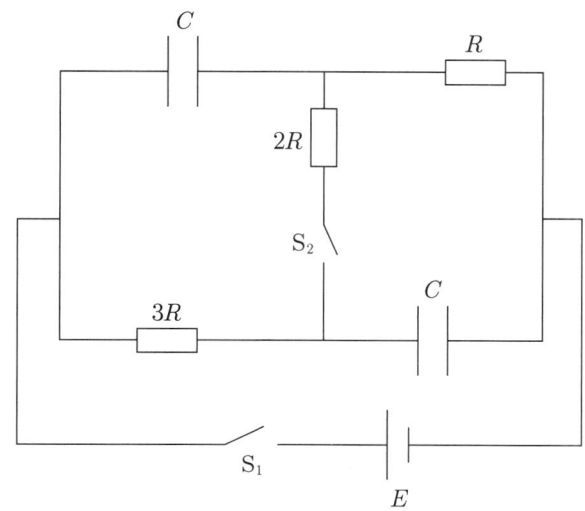

問 2 じゅうぶん時間が経過するまでに抵抗値 R の電気抵抗で発生したジュール熱はどう表されるか。正しいものを，次の①〜⑥の中から一つ選びなさい。　　14

① $\dfrac{17}{48}CE^2$　　② $\dfrac{17}{144}CE^2$　　③ CE^2

④ $\dfrac{1}{6}CE^2$　　⑤ $\dfrac{17}{36}CE^2$　　⑥ $\dfrac{5}{6}CE^2$

第4回 実戦問題

C 図1のように，電圧 V の直流電源，抵抗 R の電気抵抗，電気容量 C のコンデンサー，自己インダクタンス L のコイルとスイッチを取り付けられた回路がある。抵抗器以外の電気抵抗はすべて無視できるものとする。はじめスイッチSは開いており，回路に電流は流れていない。この状態から，スイッチを端子a側に接続して十分に時間を経過させてから，端子b側に接続した。端子bに接続した時を0sとすると，その後，端子bに対する点cの電位は図2のようになった。

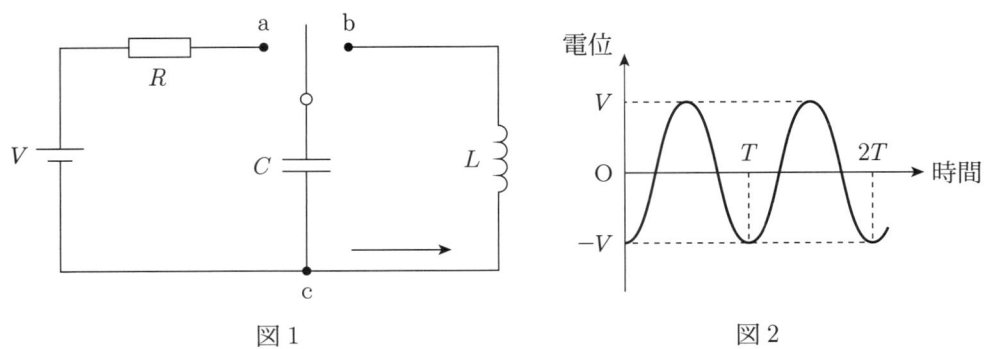

図1　　　　　　　　　　　図2

問3 端子bに接続した後，矢印が示す方向に最大の電流が流れるまでどれぐらいの時間がかかるか。また，その電流の最大値はどのように表されるか。正しい組み合わせを，次の①～⑥の中から一つ選びなさい。　**15**

	位置A	位置B
①	$\dfrac{1}{4}T$	$\dfrac{V}{2}\sqrt{\dfrac{L}{C}}$
②	$\dfrac{3}{4}T$	$V\sqrt{\dfrac{L}{C}}$
③	$\dfrac{5}{4}T$	$2V\sqrt{\dfrac{L}{C}}$
④	$\dfrac{1}{4}T$	$\dfrac{V}{2}\sqrt{\dfrac{C}{L}}$
⑤	$\dfrac{3}{4}T$	$V\sqrt{\dfrac{C}{L}}$
⑥	$\dfrac{5}{4}T$	$2V\sqrt{\dfrac{C}{L}}$

D 図のように，xy 平面上に方位磁針とコイル A，B，C，D を置いた。ここで，方位磁針は原点に，各コイルは原点から等距離となる位置にある。各コイルの中心軸は原点を通り，それぞれ互いに垂直である。磁針の N 極が y 軸の正の向きから時計回りに回転した角度を θ とする。コイルに電流を流さない状態では，$\theta = 0°$ であった。

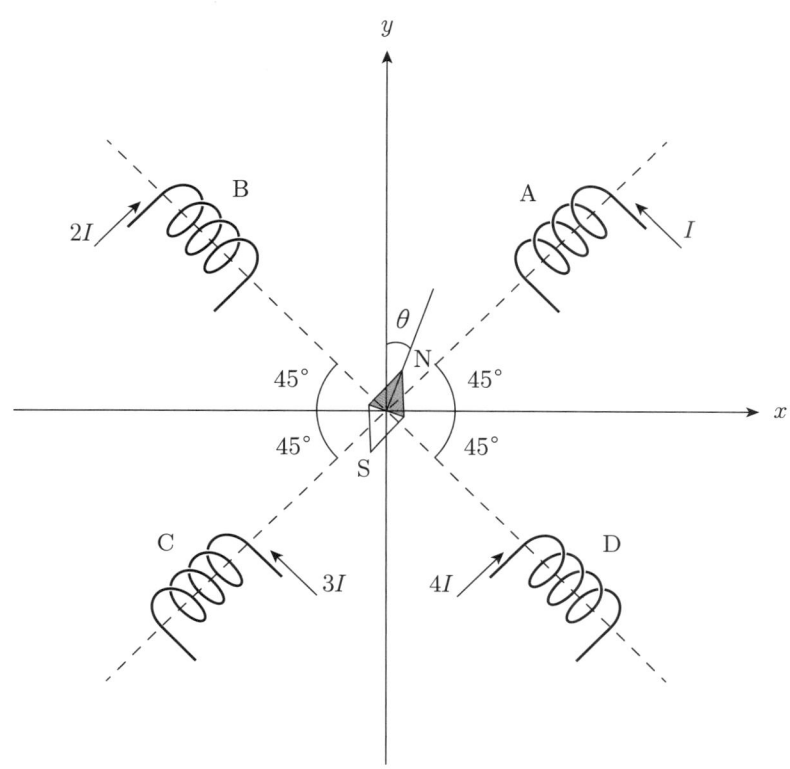

問 4 コイル A，B，C，D に矢印の向きで電流 I，$2I$，$3I$，$4I$ の電流を流した時，角度 θ はいくつになるか。正しいものを，次の①～⑤の中から一つ選びなさい。　　**16**

① $0°$　　　② $45°$　　　③ $90°$　　　④ $135°$　　　⑤ $180°$

第4回　実戦問題

E 次の図のように，z 軸の正の向きに磁束密度の大きさ B の一様な磁場内に，原点 O から xz 平面内で x 軸と角度 θ をなす方向に電気量 e 質量 m の負の点電荷を速度 v で発射した。

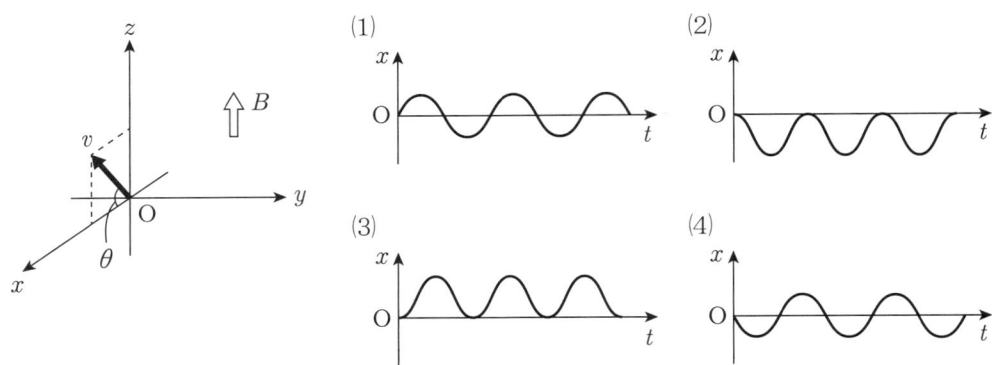

問 5　運動する点電荷の x 座標と時間 t の関係はどのようになるか。また，初めて z 軸を通過する時の z 座標はどう表されるか。正しい組み合わせを，次の①〜⑧の中から一つ選びなさい。

17

	x–t グラフ	z 座標
①	(1)	$\dfrac{2\pi mv}{eB}\sin\theta$
②	(2)	$\dfrac{\pi mv}{eB}\sin\theta$
③	(1)	$\dfrac{2\pi mv}{eB}\cos\theta$
④	(2)	$\dfrac{\pi mv}{eB}\cos\theta$
⑤	(3)	$\dfrac{2\pi mv}{eB}\sin\theta$
⑥	(4)	$\dfrac{\pi mv}{eB}\sin\theta$
⑦	(3)	$\dfrac{2\pi mv}{eB}\cos\theta$
⑧	(4)	$\dfrac{\pi mv}{eB}\cos\theta$

F 次の図のように，鉛直下向きで磁束密度の大きさ B の一様な磁場内に，長い2本の平行な金属レールを水平に置き，レールの左端に電池，抵抗値 R の電気抵抗とスイッチSを接続した。レール間の距離は l である。最初，導体棒をレールと垂直になるようにレールに静かに載せた後，スイッチを電池側に接続したところ，導体棒は動き始め，しばらくして速さが v の等速度運動をするようになった。導体棒の抵抗値を R とする。ただし，レールは十分に長いものとし，レールと導体棒はつねに垂直であるものとする。また，導体棒とレールと流れる電流がつくる磁場の影響，レールの電気抵抗，電池の内部抵抗，および導体棒とレールとの間の摩擦はすべて無視できるものとする。

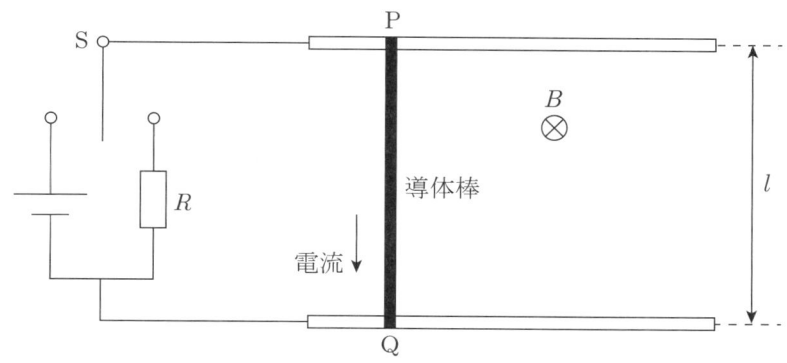

問6 等速度運動をしている時の導体棒に流れる電流 I_1 はどのように表されるか。また，スイッチSを電気抵抗 R 側に接続した瞬間，導体棒を流れる電流 I_2 はどのように表されるか。ただし，図示の方向を電流の正の向きとする。最も適当な組み合わせを，次の①～⑥の中から一つ選びなさい。　18

	電流 I_1	電流 I_2
①	$\dfrac{Blv}{R}$	$-\dfrac{Blv}{2R}$
②	$\dfrac{Blv}{2R}$	$-\dfrac{Blv}{2R}$
③	0	$-\dfrac{Blv}{2R}$
④	$\dfrac{Blv}{R}$	$\dfrac{Blv}{2R}$
⑤	$\dfrac{Blv}{2R}$	$\dfrac{Blv}{2R}$
⑥	0	$\dfrac{Blv}{2R}$

第4回 実戦問題

V 次の問い A（問1）に答えなさい。

A ボーアの原子模型では，水素原子においてn番目の定常状態のエネルギー準位は次の式で与えられる。

$$E_n = -\frac{Rhc}{n^2} \text{ J}$$

問1 水素原子内の電子が$n=2$のエネルギー準位から$n=1$のエネルギー準位へ移る時に放出される光の波長何mか。また，放出される光は，赤外線，可視光線，紫外線のいずれであるか。正しい組み合わせを，次の①～⑨の中から一つ選びなさい。ただし，リュードベリ定数Rは1.1×10^7 1/m，プランク定数hは6.6×10^{-33} J・s，光の速さcは3.0×10^8 m/sとする。　**19**

	波長 m	光の種類
①	3.6×10^{-7}	赤外線
②	3.6×10^{-7}	可視光線
③	3.6×10^{-7}	紫外線
④	1.2×10^{-7}	赤外線
⑤	1.2×10^{-7}	可視光線
⑥	1.2×10^{-7}	紫外線
⑦	9.1×10^{-8}	赤外線
⑧	9.1×10^{-8}	可視光線
⑨	9.1×10^{-8}	紫外線

物理の問題はこれで終わりです。解答欄の **20** ～ **75** はマークしないでください。
解答用紙の科目欄に「物理」が正しくマークしてあるか，もう一度確かめてください。

この問題冊子を持ち帰ることはできません。

第 **5** 回

実戦問題
解答時間 **35**分

正解と得点分布図確認

QRコードを読み取ってオンライン解答用紙に解答を記入し、正解と得点分布を確認してください。

物理

「解答科目」記入方法

解答科目には「物理」,「化学」,「生物」があ りますので,この中から2科目を選んで解答してくだ さい。選んだ2科目のうち,1科目を解答用紙の表面 に解答し,もう1科目を裏面に解答してください。

「物理」を解答する場合は,右のように,解答用 紙にある「解答科目」の「物理」を○で囲み,そ の下のマーク欄をマークしてください。

科目が正しくマークされていないと,採点されません。

第5回　実戦問題

I 次の問い A (問 1), B (問 2), C (問 3), D (問 4), E (問 5), F (問 6) に答えなさい。
ただし，重力加速度の大きさを g とし，空気の抵抗は無視できるものとする。

A 国際単位系 (SI) では，長さ [m]，質量 [kg]，時間 [s]，電流 [A] が基本単位の一部として使われている。

問 1　磁束密度と自己インダクタンスの単位を，これらの基本単位の組み合わせで表すとどうなるか。正しいものを，次の①～⑥の中から一つ選びなさい。　1

	磁束密度	自己インダクタンス
①	$[\mathrm{kg \cdot s^{-2} \cdot A^{-3}}]$	$[\mathrm{m^2 \cdot kg \cdot s^{-3} \cdot A^{-2}}]$
②	$[\mathrm{kg \cdot s^{-2} \cdot A^{-2}}]$	$[\mathrm{m^2 \cdot kg \cdot s^{-1} \cdot A^{-2}}]$
③	$[\mathrm{kg \cdot s^{-2} \cdot A^{-1}}]$	$[\mathrm{m^2 \cdot kg \cdot s^{-2} \cdot A^{-2}}]$
④	$[\mathrm{kg \cdot s^{-1} \cdot A^{-1}}]$	$[\mathrm{m^2 \cdot kg \cdot s^{-1} \cdot A^{-3}}]$
⑤	$[\mathrm{kg \cdot s^{-2} \cdot A^{-1}}]$	$[\mathrm{m^2 \cdot kg \cdot s^{-2} \cdot A^{-3}}]$
⑥	$[\mathrm{kg \cdot s^{-3} \cdot A^{-1}}]$	$[\mathrm{m^2 \cdot kg \cdot s^{-3} \cdot A^{-3}}]$

B 次の図のように，粗い斜面上に一様な物体が静止している。

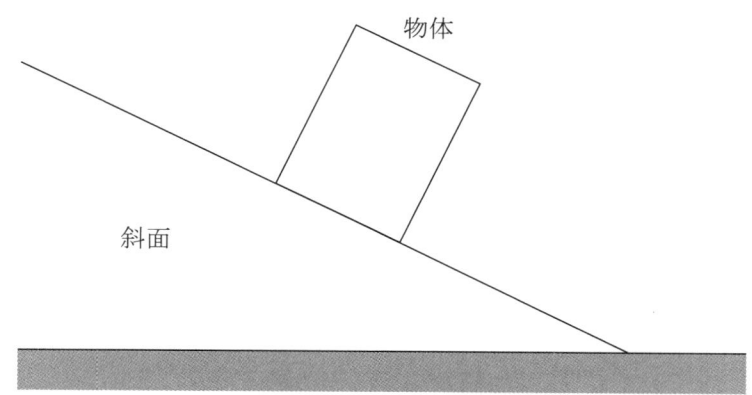

問2 この物体が受けている重力 w，垂直抗力 N，摩擦力 f はどのように図示されるか。なお，矢印は力の向きを表し，点は力の作用点を表す。正しいものを，次の①～⑥の中から一つ選びなさい。　　2

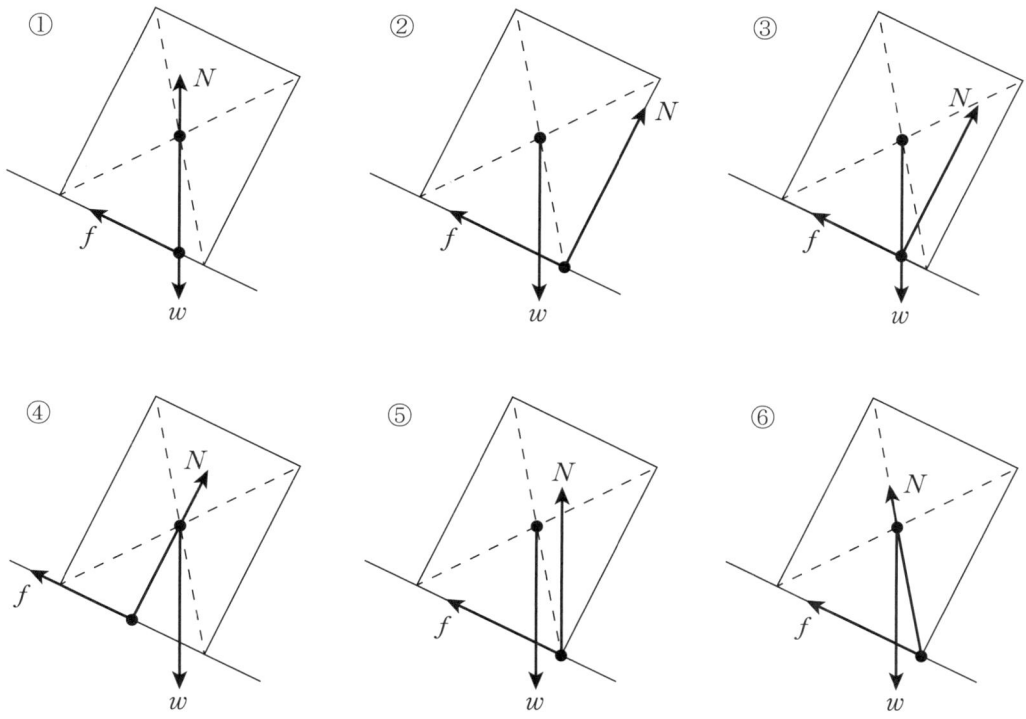

— 105 —

第5回 実戦問題

C 次の図のように，水平面の左右に斜面がなめらかにつながった面がある。この面は，水平面上の長さLの部分だけがあらく，その他の部分はなめらかである。小物体を左側の斜面上の高さhの点Pに置き，静かに手を離した。小物体は点Pを出発してABを通過し，Q点まで到達してから斜面を下り始めた。

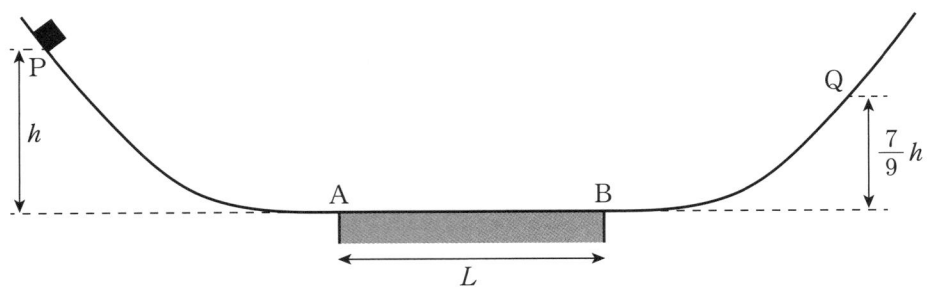

問3 小物体は，面上を何回か往復運動をしてからAB間のある点Oで静止した。点Pを出発してから点Oで静止するまでに，点Aを何回通過したか。また，AO間の距離はいくらであるか。最も適当なものを，次の①〜⑥の中から一つ選びなさい。　**3**

	点Aを通過した回数	AO間距離
①	3	$\frac{1}{4}L$
②	5	$\frac{1}{2}L$
③	3	$\frac{1}{2}L$
④	5	$\frac{3}{4}L$
⑤	3	$\frac{3}{4}L$
⑥	5	$\frac{1}{4}L$

D 次の図のように，長さ l の伸び縮みしない軽い糸の一端を点Oに固定し，他端に小球をつける。糸を張った状態で小球を点Oと同じ高さの位置まで持ち上げてから，静かにはなした。点Oの真下の点Aの位置に釘を固定したところ，小球が円軌道にそって最下点を通過し，点Aを中心に再び円運動し始める。

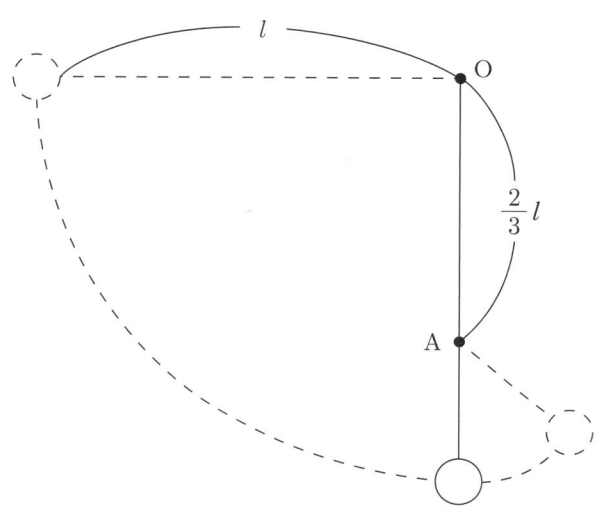

問4 小球が最下点を通過する直前に糸にかかる張力を T_1 とし，通過した直後に糸にかかる張力を T_2 とすると，$\dfrac{T_1}{T_2}$ はいくらであるか。最も適当なものを，次の①〜⑥の中から一つ選びなさい。　**4**

① $\dfrac{2}{3}$　　② $\dfrac{3}{5}$　　③ $\dfrac{3}{7}$

④ $\dfrac{3}{2}$　　⑤ $\dfrac{5}{3}$　　⑥ $\dfrac{7}{3}$

第5回 実戦問題

E 次の図のように，質量 m のおもりを軽いばねでつるし，板を使ってばねが自然長になるように支えた。ばねを自然長から長さ x だけ縮ませてから，静かにはなしたところ，おもりは振幅 A_1，周期 T_1 の単振動をした。同じばねを使い，おもりを質量 M のものに変えて，もう一度同じ実験を行ったところ，おもりは振幅 A_2，周期 T_2 の単振動をした。

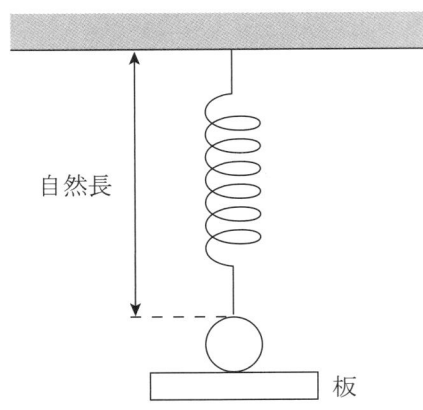

問 5 $\dfrac{A_1}{A_2}$ はどのように表されるか。また，$\dfrac{T_1}{T_2}$ はどのように表されるか。正しい組み合わせを，次の①～⑥の中から一つ選びなさい。 $\boxed{5}$

	①	②	③	④	⑤	⑥
$\dfrac{A_1}{A_2}$	$\dfrac{mg+kx}{Mg+kx}$	$\dfrac{mg+kx}{Mg+kx}$	$\sqrt{\dfrac{mg+kx}{Mg+kx}}$	$\sqrt{\dfrac{mg+kx}{Mg+kx}}$	$\dfrac{m}{M}$	$\dfrac{m}{M}$
$\dfrac{T_1}{T_2}$	$\sqrt{\dfrac{m}{M}}$	$\sqrt{\dfrac{M}{m}}$	$\sqrt{\dfrac{m}{M}}$	$\sqrt{\dfrac{M}{m}}$	$\sqrt{\dfrac{m}{M}}$	$\sqrt{\dfrac{M}{m}}$

F 次の図のように，地球まわりの楕円軌道上で運動する物体がある。地球の半径は R であり，地球から近地点までの距離は $2R$ である。

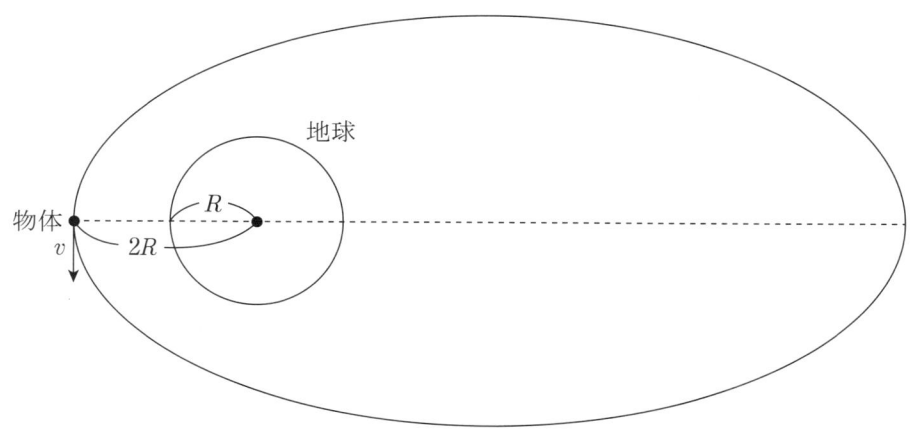

問 6 物体が地球に衝突せずかつ無限遠方に飛びさることもなく，楕円軌道を描き続けるために速さ v はどの範囲になければならないか。正しいものを，次の①～⑧の中から一つ選びなさい。 6

① $\sqrt{\dfrac{gR}{2}} < v < \sqrt{gR}$ ② $\sqrt{\dfrac{gR}{3}} < v < \sqrt{gR}$ ③ $\sqrt{\dfrac{gR}{4}} < v < \sqrt{gR}$

④ $v < \sqrt{gR}$ ⑤ $\sqrt{\dfrac{gR}{2}} < v < \sqrt{2gR}$ ⑥ $\sqrt{\dfrac{gR}{3}} < v < \sqrt{2gR}$

⑦ $\sqrt{\dfrac{gR}{4}} < v < \sqrt{2gR}$ ⑧ $\sqrt{\dfrac{gR}{3}} < v$

第5回　実戦問題

II 次の問い A（問1），B（問2），C（問3）に答えなさい。

A 断熱容器の中に0℃の氷と水がそれぞれ100gと金属球50gが入っている。容器に100℃の水蒸気を100g注入し，じゅうぶん時間が経過した後，全体の温度が一定になった。氷の融解熱を3.3×10^2J/g，水の比熱を4.2J/(g・K)，金属球の比熱を0.45J/(g・K)，水の蒸発熱を2.3×10^3J/gとする。

問1　氷と水の温度の時間変化を示したグラフはどうなるか。最も適当な組み合わせを，次の①～④の中から一つ選びなさい。　7

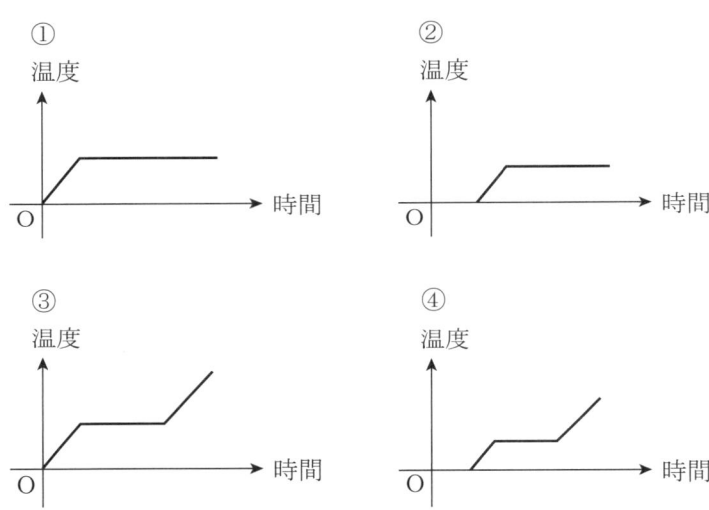

B 図1の体積と温度のグラフのように，一定量の単原子分子理想気体の状態を1→2→3→4→1の一サイクルで変化させた。2→3と4→1は断熱変化である。

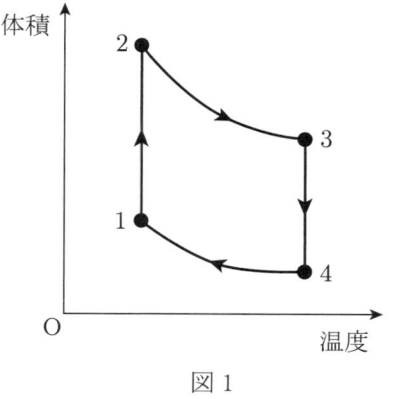
図1

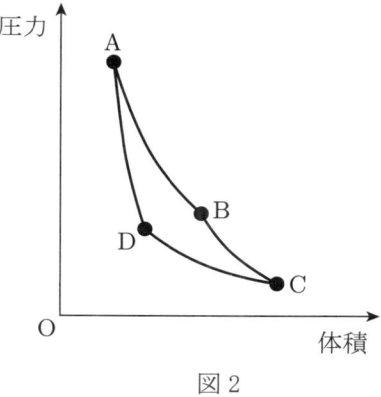
図2

問2 このサイクルは図2の圧力と体積のグラフではどのように表されるか。正しいものを，次の①～⑧の中から一つ選びなさい。　**8**

① A→B→C→D→A　　② B→C→D→A→B　　③ C→D→A→B→C
④ D→A→B→C→D　　⑤ A→D→C→B→A　　⑥ B→A→D→C→B
⑦ C→B→A→D→C　　⑧ D→C→B→A→D

第5回 実戦問題

C 次の図のように，断熱容器AとBが接続されている。接続部分にある栓を閉じることによって，容器AとBを仕切ることができる。容器Bの容積はAの2倍である。容器内には単原子分子理想気体が閉じ込められている。はじめ，容器AとBは仕切られていて，容器Aの圧力はPである。容器Bの圧力と温度は共にAの2倍である。

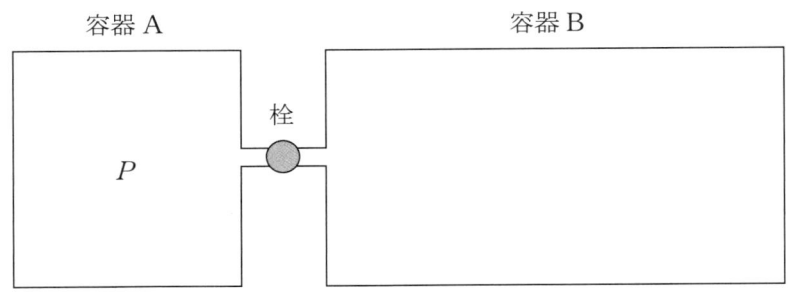

問 3 栓を開いてじゅうぶん時間が経過した後，容器内の圧力はどのように表されるか。正しいものを，次の①～⑥の中から一つ選びなさい。　**9**

① P　　② $2P$　　③ $\frac{4}{3}P$　　④ $5P$　　⑤ $\frac{5}{2}P$　　⑥ $\frac{5}{3}P$

III

次の問い A（問 1），B（問 2），C（問 3）に答えなさい。

A 次の図のように，x 軸の正の向きに伝わる入射波がある。$x<0$ の範囲において媒質 I があり，$x>0$ の範囲においては媒質 II がある。媒質 I と II の境界面は y 軸上に存在する。媒質 I の絶対屈折率を n_1，媒質 II の絶対屈折率を $n_2 (n_2 > n_1)$ とする。

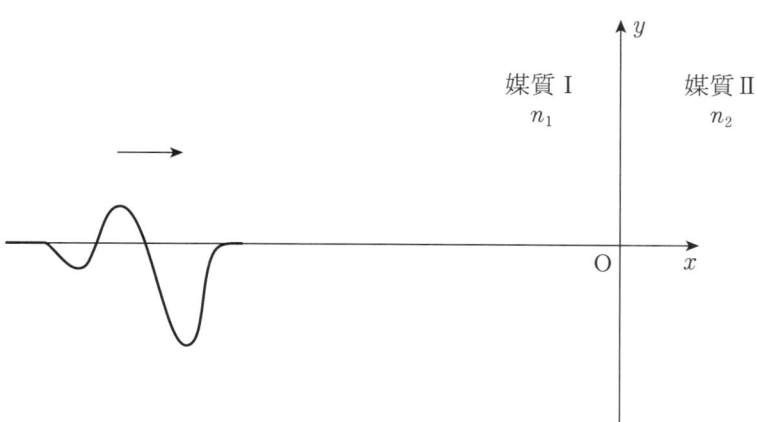

問 1　入射波が境界面で反射された後の反射波の様子はどのようになるか。正しいものを，次の①～④の中から一つ選びなさい。　**10**

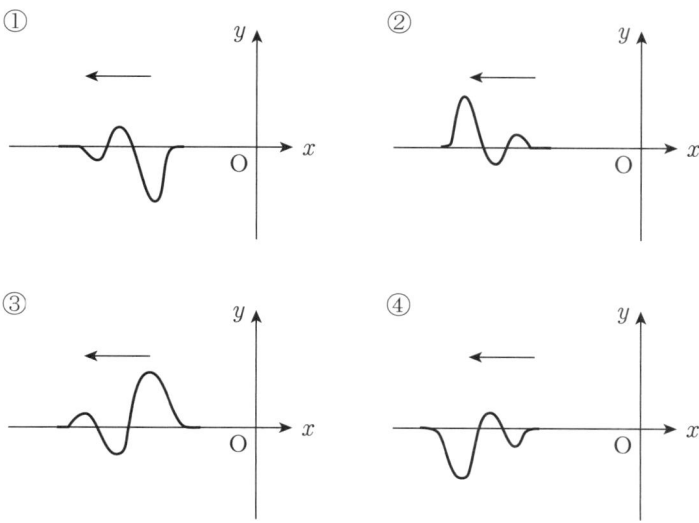

第5回　実戦問題

B 次の図のように，長さ L の開管の開口付近にスピーカーを置き振動数 f の音を出したところ，定在波が気柱に生じ，共鳴が起きた。スピーカーを速さ v で開口から遠ざけると，気柱は固有振動数 f より一つ低い固有振動数で共鳴し，スピーカーを速さ v で開口に近づけると，気柱は固有振動数 f より一つ高い固有振動数で共鳴した。音速を V とする。

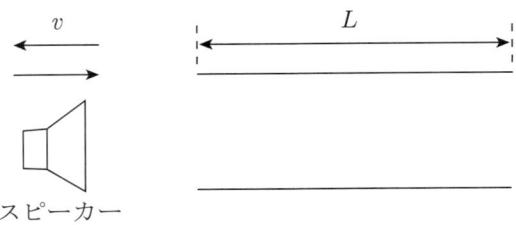

スピーカー

問2 以上の現象を満足するようなスピーカーの速さの中での最大値はいくらか。正しいものを，次の①〜⑥の中から一つ選びなさい。　　**11**

① $\dfrac{1}{2}V$　　② $\dfrac{1}{3}V$　　③ $\dfrac{1}{4}V$　　④ $\dfrac{2}{3}V$　　⑤ $\dfrac{3}{4}V$　　⑥ $\dfrac{4}{5}V$

C 次の図のように，光源Pの埋め込まれた水平な床の上に厚さh_1のガラスでできた水槽があり，その中に水深がh_2となるように水を入れた。水面に円板が浮かんでいて，円板の中心OがPの鉛直真上になるようにした。ガラス，水，空気の屈折率をそれぞれ，n_1，n_2，n_3とし，$n_1 > n_2 > n_3$とする。

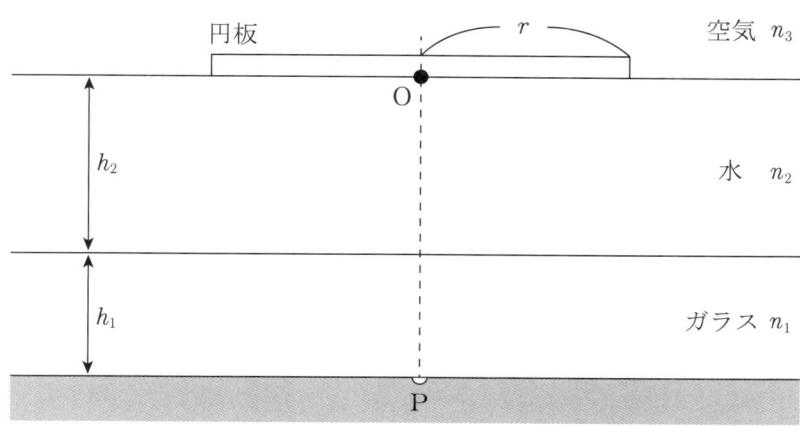

問3 この場合，空気中のどの位置からでもPから出た光を見ることができないような円板の半径の最小値rはどのように表されるか。正しいものを，次の①〜⑧の中から一つ選びなさい。　12

① $n_1 h_1 + n_2 h_2$

② $\dfrac{1}{n_1} h_1 + \dfrac{1}{n_2} h_2$

③ $\dfrac{n_1}{n_3} h_1 + \dfrac{n_2}{n_3} h_2$

④ $\dfrac{n_3}{n_1} h_1 + \dfrac{n_3}{n_2} h_2$

⑤ $\dfrac{1}{\sqrt{n_1^2 - 1}} h_1 + \dfrac{1}{\sqrt{n_2^2 - 1}} h_2$

⑥ $\dfrac{n_1}{\sqrt{n_1^2 - 1}} h_1 + \dfrac{n_2}{\sqrt{n_2^2 - 1}} h_2$

⑦ $\dfrac{n_1}{\sqrt{n_1^2 - n_3^2}} h_1 + \dfrac{n_2}{\sqrt{n_2^2 - n_3^2}} h_2$

⑧ $\dfrac{n_3}{\sqrt{n_1^2 - n_3^2}} h_1 + \dfrac{n_3}{\sqrt{n_2^2 - n_3^2}} h_2$

第5回　実戦問題

IV 次の問い **A**（問1），**B**（問2），**C**（問3），**D**（問4），**E**（問5），**F**（問6）に答えなさい。

A 次の図のように，xy座標面上の点 O に電気量 $-Q(Q>0)$ の点電荷，点 B に電気量 $3\sqrt{3}\,Q$ の点電荷が固定されている。$\overline{\text{OB}}$ の長さは l で，$\angle \text{AOB}$ は $60°$ である。また，$\overline{\text{OA}}$ と $\overline{\text{AB}}$ は互いに垂直である。

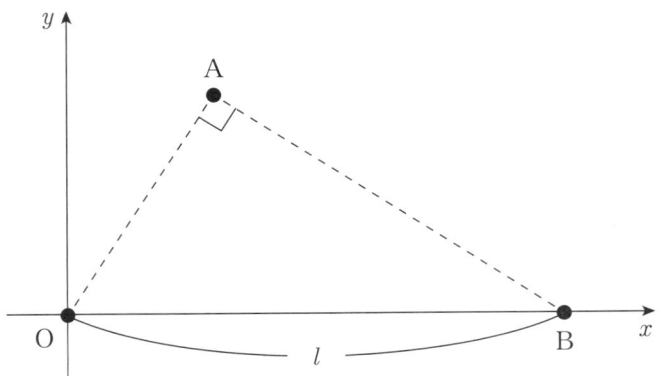

問1 点 A における電場の強さと電位はそれぞれどのように表されるか。最も適当な組み合わせを，次の①〜⑥の中から一つ選びなさい。　**13**

	電場の強さ	電位
①	$\dfrac{4\sqrt{3}\,kQ}{l^2}$	$\dfrac{4\sqrt{3}\,kQ}{l}$
②	$\dfrac{4\sqrt{3}\,kQ}{l^2}$	$\dfrac{8kQ}{l}$
③	$\dfrac{4\sqrt{3}\,kQ}{l^2}$	$\dfrac{4kQ}{l}$
④	$\dfrac{8kQ}{l^2}$	$\dfrac{4\sqrt{3}\,kQ}{l}$
⑤	$\dfrac{8kQ}{l^2}$	$\dfrac{8kQ}{l}$
⑥	$\dfrac{8kQ}{l^2}$	$\dfrac{4kQ}{l}$

B 次の図のように，起電力 E の電池，電気容量が C と $2C$ のコンデンサーとスイッチ S を接続した。最初，スイッチは開いていて，コンデンサーには電荷が蓄えられていなかった。スイッチ S を端子 a に接続し，じゅうぶん時間が経過した後，スイッチを端子 b に切り替えた。

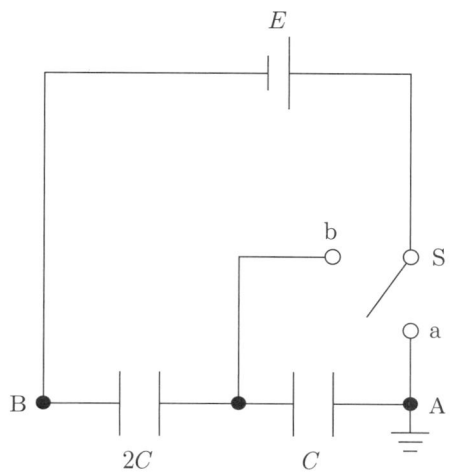

問 2 じゅうぶん時間が経過した後，点 B における電位はどのように表されるか。正しいものを，次の①～⑥の中から一つ選びなさい。 $\boxed{14}$

① $\dfrac{5}{3}E$ ② $\dfrac{2}{3}E$ ③ E ④ $-\dfrac{5}{3}E$ ⑤ $-\dfrac{2}{3}E$ ⑥ $-E$

第5回 実戦問題

C 次の図のように,起電力 E_1 と E_2 の電池,電気抵抗 R_1, R_2, R_3, スイッチ S_1, S_2 と S_3 を接続した。R_3 は可変抵抗である。最初,スイッチはすべて開いており,電気抵抗 R_1, R_2, R_3 の抵抗値はそれぞれ R, $2R$ と $3R$ である。電池の電気抵抗は無視できるものとする。

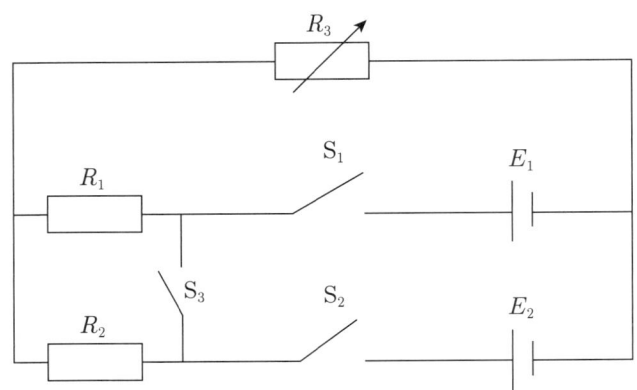

問3 スイッチ S_1 と S_3 だけを閉じた場合,抵抗 R_2 を流れる電流はどのように表されるか。また,スイッチ S_1 と S_2 だけを閉じた場合,抵抗 R_1 を流れる電流を 0 にするために,可変抵抗 R_3 の抵抗値はどのように表されるか。正しい組み合わせを,次の①〜⑥の中から一つ選びなさい。　**15**

	R_2 を流れる電流	R_3 の抵抗値
①	$\dfrac{1}{11}\dfrac{E_1}{R}$	$\dfrac{RE_1}{E_2-E_1}$
②	$\dfrac{2}{11}\dfrac{E_1}{R}$	$\dfrac{2RE_1}{E_2-E_1}$
③	$\dfrac{2}{9}\dfrac{E_1}{R}$	$\dfrac{RE_1}{E_2-E_1}$
④	$\dfrac{1}{11}\dfrac{E_1}{R}$	$\dfrac{2RE_1}{E_2-E_1}$
⑤	$\dfrac{2}{11}\dfrac{E_1}{R}$	$\dfrac{RE_1}{E_2-E_1}$
⑥	$\dfrac{2}{9}\dfrac{E_1}{R}$	$\dfrac{2RE_1}{E_2-E_1}$

D 図1のように,xz 平面内にコイル A と yz 平面内にコイル B があり,中心軸 z を共有している。コイル A と B は互いに垂直である。

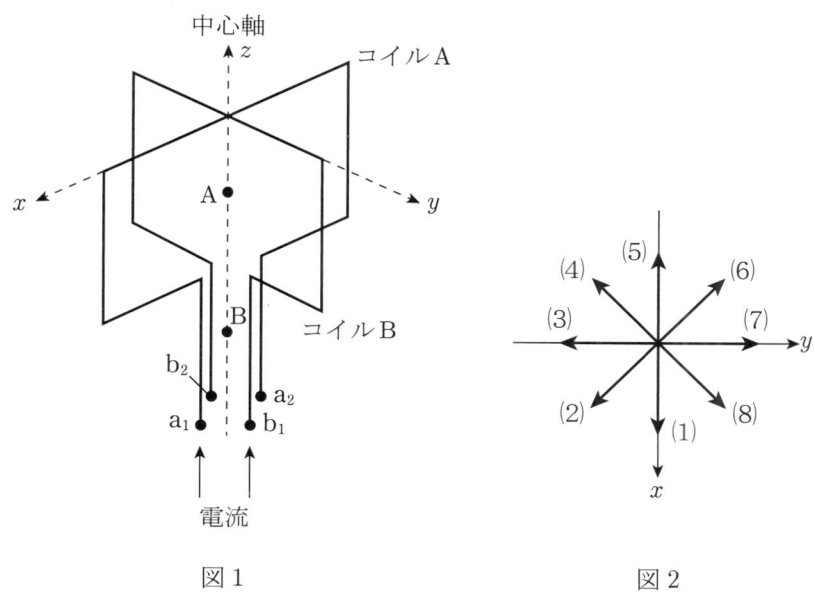

図1　　　　　　　　　　　図2

問4 同じ電流を端子 a_1 と b_1 に流した時,点 A 及び点 B における磁場の向きは図2のどれか。正しい組み合わせを,次の①〜⑧の中から一つ選びなさい。　**16**

	①	②	③	④	⑤	⑥	⑦	⑧
点 A	(1)	(2)	(3)	(4)	(5)	(6)	(7)	(8)
点 B	(2)	(2)	(4)	(4)	(6)	(6)	(8)	(8)

第5回 実戦問題

E 次の図のように，平面の裏から表向きに一様な磁束密度 B の磁場中に，十分長い2本の金属レールが，水平面内に間隔 L で平行に置かれている。レールに起電力 E の電池，抵抗値 R，$2R$ の抵抗とスイッチSが接続されている。レールの上に金属棒がレールに対して垂直に置かれている。レールと金属棒およびその間の電気抵抗は無視できるものとし，金属棒はレールと垂直を保ちながら，なめらかに動くことができる。最初，金属棒は静止し，Sは開いている。回路を流れる電流がつくる磁場は無視できるものとする。

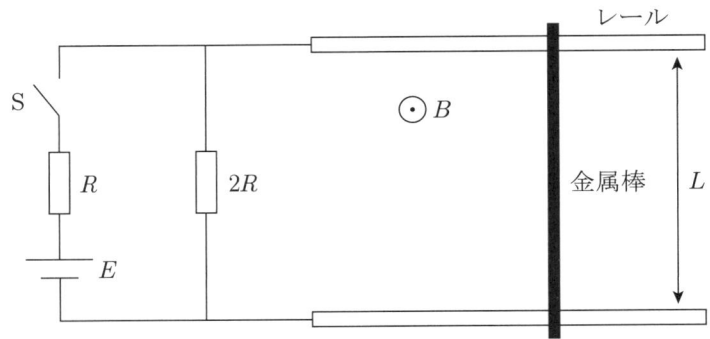

問5 スイッチSを閉じ，じゅうぶん時間が経過した後，金属棒に電流は流れなくなり，金属棒の速さは一定値 v となった。速さ v はどのように表されるか。正しいものを，次の①～⑥の中から一つ選びなさい。 **17**

① $\dfrac{E}{3BL}$ ② $\dfrac{2E}{3BL}$ ③ $\dfrac{E}{BL}$ ④ $\dfrac{ER}{3BL}$ ⑤ $\dfrac{2ER}{3BL}$ ⑥ $\dfrac{ER}{BL}$

F 次の図のように,電圧 V の直流電源,電圧 $V\sin\omega t$ 交流電源,抵抗値 R の電気抵抗,自己インダクタンス L のコイル,電気容量 C のコンデンサーとスイッチ S が接続されている。

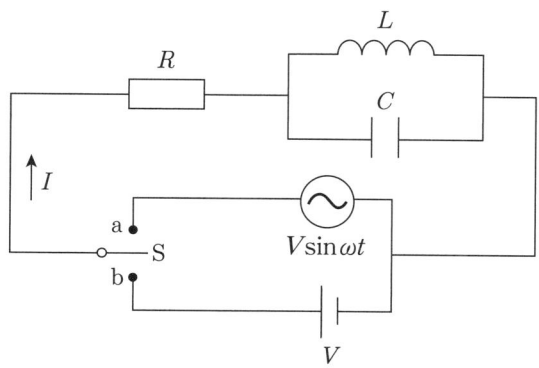

問 6 スイッチ S を端子 a または b に接続した時,電気抵抗を流れる電流の最大値はそれぞれどのように表されるか。最も適当な組み合わせを,次の①〜⑥の中から一つ選びなさい。**18**

	端子 a	端子 b
①	$\dfrac{V}{\sqrt{R^2+\left(\omega C-\dfrac{1}{\omega L}\right)^2}}$	$\dfrac{V}{R}$
②	$\dfrac{V}{\sqrt{R^2+\left(\omega C+\dfrac{1}{\omega L}\right)^2}}$	$\dfrac{V}{R}$
③	$\dfrac{V}{\sqrt{R^2+\dfrac{1}{\left(\omega C-\dfrac{1}{\omega L}\right)^2}}}$	$\dfrac{V}{R}$
④	$\dfrac{V}{\sqrt{R^2+\left(\omega C-\dfrac{1}{\omega L}\right)^2}}$	0
⑤	$\dfrac{V}{\sqrt{R^2+\left(\omega C+\dfrac{1}{\omega L}\right)^2}}$	0
⑥	$\dfrac{V}{\sqrt{R^2+\dfrac{1}{\left(\omega C-\dfrac{1}{\omega L}\right)^2}}}$	0

第5回　実戦問題

V 次の問い A（問1）に答えなさい。

A 重水素 ^2_1H の原子核と三重水素 ^3_1H の原子核が核反応し，中性子 ^1_0n とヘリウム $\boxed{\text{I}}$ を生じる場合の反応は次の核反応式で表される。

$$^2_1\text{H} + ^3_1\text{H} \to \boxed{\text{I}} + ^1_0\text{n}$$

また，重水素 ^2_1H の原子核1個と三重水素 ^3_1H の原子核1個が上記の反応を起こした場合，$\boxed{\text{II}}$ MeV のエネルギーを放出する。中性子 ^1_0n の質量を 1.0087u，重水素 ^2_1H の質量を 2.0136u，三重水素 ^3_1H の質量を 3.0155u，ヘリウム ^3_2He の質量を 3.0150u，ヘリウム ^4_2He の質量を 4.0015u とする。また，1u = 1.66×10^{-27} kg，1eV = 1.60×10^{-19} J，光の速さは 3.00×10^8 m/s とする。

問1 上の文章で，$\boxed{\text{I}}$ と $\boxed{\text{II}}$ に入る記号または数値は何か。正しい組み合わせを，次の①～⑥の中から一つ選びなさい。　$\boxed{19}$

	I	II
①	^3_2He	940
②	^3_2He	18
③	^3_2He	5
④	^4_2He	940
⑤	^4_2He	18
⑥	^4_2He	5

物理の問題はこれで終わりです。解答欄の $\boxed{20}$ ～ $\boxed{75}$ はマークしないでください。
解答用紙の科目欄に「物理」が正しくマークしてあるか，もう一度確かめてください。

この問題冊子を持ち帰ることはできません。

第6回

実戦問題
解答時間 35分

正解と得点分布図確認

QRコードを読み取ってオンライン解答用紙に解答を記入し、正解と得点分布を確認してください。

物理

「解答科目」記入方法

解答科目には「物理」,「化学」,「生物」がありますので，この中から2科目を選んで解答してください。選んだ2科目のうち，1科目を解答用紙の表面に解答し，もう1科目を裏面に解答してください。

「物理」を解答する場合は，右のように，解答用紙にある「解答科目」の「物理」を○で囲み，その下のマーク欄をマークしてください。

科目が正しくマークされていないと，採点されません。

第6回 実戦問題

I 次の問い A(問1), B(問2), C(問3), D(問4), E(問5), F(問6)に答えなさい。
ただし,重力加速度の大きさを g とし,空気の抵抗は無視できるものとする。

A 国際単位系(SI)では,長さ [m],質量 [kg],時間 [s],電流 [A] が基本単位の一部として使われている。

問1 磁場と電場の単位を,これらの基本単位の組み合わせで表すとどうなるか。正しいものを,次の①〜⑥の中から一つ選びなさい。 **1**

	磁場	電場
①	$[\mathrm{m}^{-1} \cdot \mathrm{A}]$	$[\mathrm{m}^2 \cdot \mathrm{kg} \cdot \mathrm{s}^{-2} \cdot \mathrm{A}^{-1}]$
②	$[\mathrm{N} \cdot \mathrm{Wb}^{-1}]$	$[\mathrm{m} \cdot \mathrm{kg} \cdot \mathrm{s}^{-2} \cdot \mathrm{A}^{-1}]$
③	$[\mathrm{kg} \cdot \mathrm{s}^{-2} \cdot \mathrm{A}^{-1}]$	$[\mathrm{m}^2 \cdot \mathrm{kg} \cdot \mathrm{s}^{-2} \cdot \mathrm{A}^{-1}]$
④	$[\mathrm{m}^{-1} \cdot \mathrm{A}]$	$[\mathrm{m} \cdot \mathrm{kg} \cdot \mathrm{s}^{-3} \cdot \mathrm{A}^{-1}]$
⑤	$[\mathrm{N} \cdot \mathrm{Wb}^{-1}]$	$[\mathrm{m}^2 \cdot \mathrm{kg} \cdot \mathrm{s}^{-3} \cdot \mathrm{A}^{-1}]$
⑥	$[\mathrm{kg} \cdot \mathrm{s}^{-2} \cdot \mathrm{A}^{-1}]$	$[\mathrm{m} \cdot \mathrm{kg} \cdot \mathrm{s}^{-3} \cdot \mathrm{A}^{-1}]$

B 次の図のように，天井に糸で一様な棒を点Oからつるしている。棒の両端AとBに同じ小球を軽いばねで取り付けている。小球の質量はmであり，棒の質量は$M(>m)$である。また，棒の長さはLであり，Oから端Aまでの距離は端Bまでの距離より短いものとする。端Bに取り付けられたばねと小球全体は液体に入っている。液体の密度は小球の3倍である。

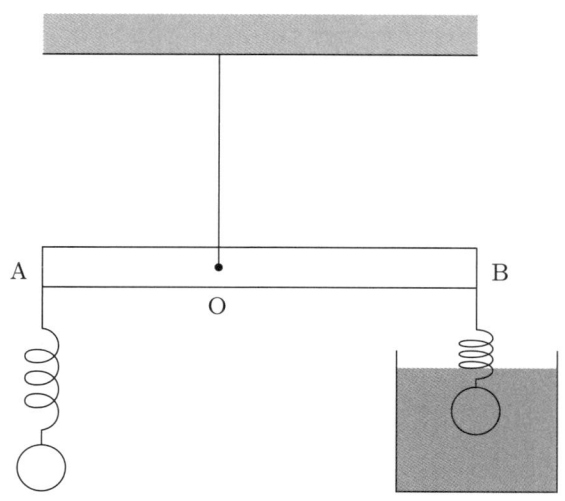

問2 この状態で棒がつりあって静止する場合，AOの距離はどのように表されるか。正しいものを，次の①〜⑥の中から一つ選びなさい。　**2**

① $\dfrac{ML}{2(M-m)}$　　② $\dfrac{(M-4m)L}{2(M-m)}$　　③ $\dfrac{2mL}{M-m}$

④ $\dfrac{(M-2m)L}{2(M-m)}$　　⑤ $\dfrac{mL}{2(M-m)}$　　⑥ $\dfrac{(M-4m)L}{(M-m)}$

第 6 回　実戦問題

C 次の図のように，水平な床の上に階段が固定されている。各段の高さは h であり，幅も h である。階段の表面はなめらかである。階段の一番上に質量 m の小球があり，初速度 v を与えたところ，小球は階段から飛び降りた。

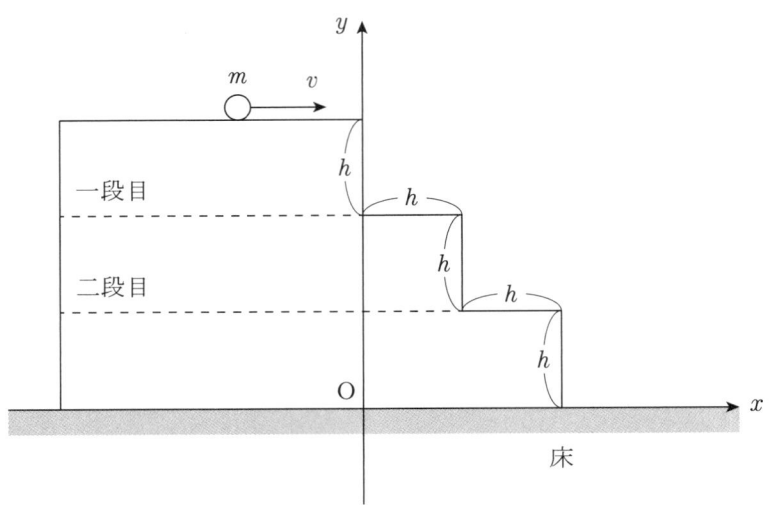

問 3　図のように座標軸をとった時，一段目に落ちた場所の x 座標を l とすると，一段目で弾んだあと次にどこかにあたるまでの軌跡の式はどのように表されるか。なお，小球が階段に衝突する際の反発係数を e とする。正しいものを，次の①〜④の中から一つ選びなさい。

3

① $y=-\dfrac{h}{l^2}(x-l-el)^2+2h+e^2h$ 　② $y=-\dfrac{h}{l^2}(x-2l)^2+2h+e^2h$

③ $y=-\dfrac{h}{l^2}(x-l-el)^2+3h$ 　④ $y=-\dfrac{h}{l^2}(x-2l)^2+3h$

D 次の図のように，水平な床の上に長さが l の形状と質量が全く同じ板が3枚重なっていて，安定している。その上に，更に同じ板を乗せた。

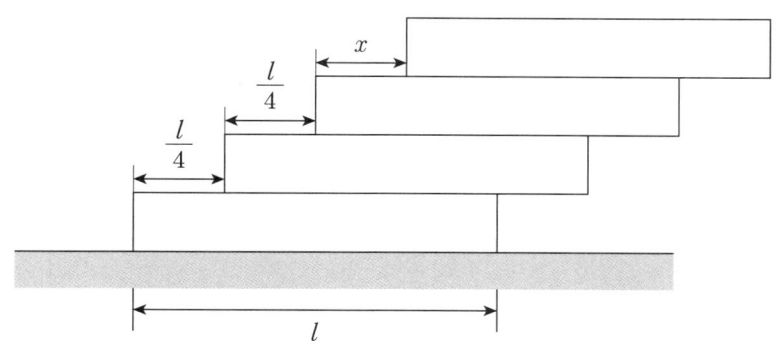

問 4 板が倒れないように，距離 x の最大値はいくらになるか。正しいものを，次の①～⑤の中から一つ選びなさい。　**4**

① $\dfrac{l}{2}$　　　② $\dfrac{3l}{4}$　　　③ $\dfrac{l}{4}$　　　④ $\dfrac{3l}{8}$　　　⑤ $\dfrac{l}{8}$

第6回　実戦問題

E 次の図のように，滑らかな水平面と曲面をもつ質量 M の台 Q が水平な床の上で静止している。質量 m の小球 P を台の上にのせ，速さ v_0 で台の上で運動させた。

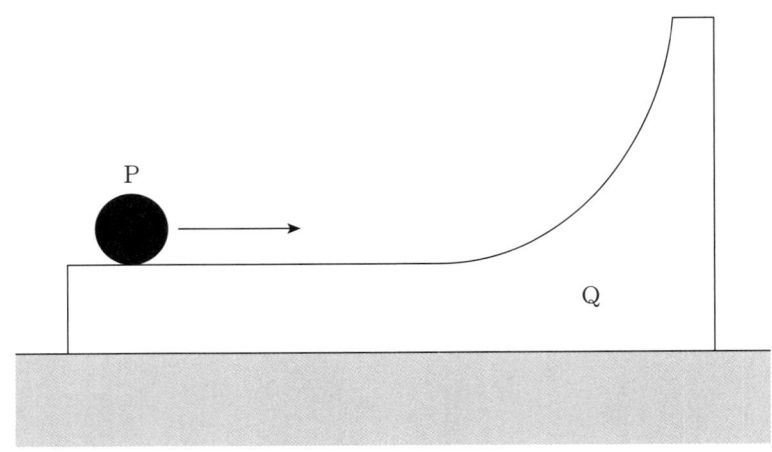

問5　小球 P が台の曲面の最も高い位置に達するときの台の速さ V を求めよ。また，P が上昇した高さ h を求めよ。正しい組み合わせを，次の①～④の中から一つ選びなさい。なお，小球は台から離れないものとする。　5

	速さ V	高さ h
①	$\dfrac{m}{m+M}v_0$	$\dfrac{Mv_0^2}{2(m-M)g}$
②	$\dfrac{m}{m-M}v_0$	$\dfrac{Mv_0^2}{2(m+M)g}$
③	$\dfrac{m}{m+M}v_0$	$\dfrac{Mv_0^2}{2(m+M)g}$
④	$\dfrac{m}{m-M}v_0$	$\dfrac{Mv_0^2}{2(m-M)g}$

F 次の図のように,水槽の中に高さ l の物体を水に浮かべたら,水面以下の深さが h のところで静止した。手で物体を少し押して放すと物体が単振動し始めた。水からの抵抗はないものとする。

問6 単振動の周期はどのように表されるか。正しいものを,次の①～④の中から一つ選びなさい。 6

① $2\pi\sqrt{\dfrac{h}{g}}$ ② $2\pi\sqrt{\dfrac{l}{g}}$ ③ $2\pi\sqrt{\dfrac{g}{h}}$ ④ $2\pi\sqrt{\dfrac{g}{l}}$

第6回 実戦問題

II 次の問い A（問1），B（問2），C（問3）に答えなさい。

A 密閉した容器の中に，0℃の氷を 200g 入れ，その氷に 100℃の水蒸気を 10g 噴射した。最終的に氷は完全に融けなかった。ただし，容器の熱容量は無視でき，熱は外部に逃げないものとする。また，氷の融解熱を 3.3×10^2 J/g，水の比熱を 4.2 J/(g・K)，水の蒸発熱を 2.3×10^3 J/g とする。

問1 十分時間がたった後，氷の量は残り何 g か。最も適当な値を，次の①〜⑥の中から一つ選びなさい。　**7**

① 3.0×10^0　　② 1.2×10^1　　③ 3.0×10^{-1}
④ 1.2×10^2　　⑤ 2.0×10^0　　⑥ 2.0×10^{-1}

B 次の p-V 図のように，一定量の単原子分子理想気体の状態を状態 A から B に変化させた。

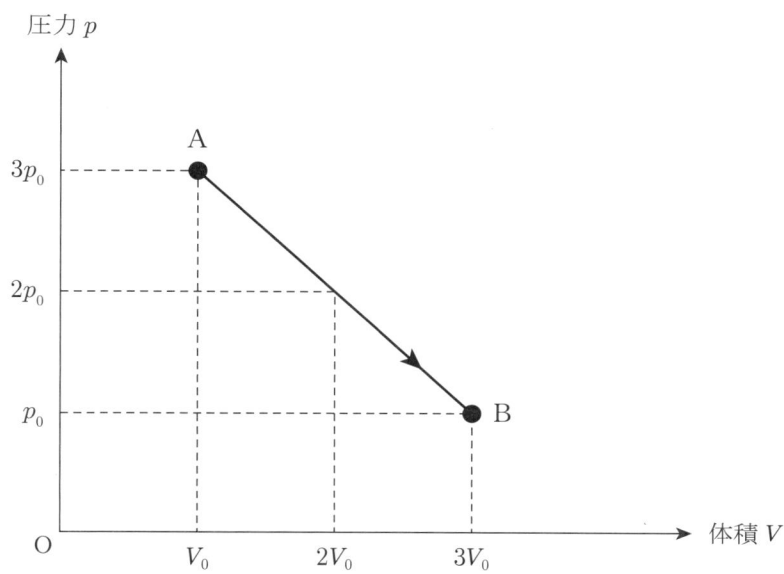

問2 状態 A から B の過程全体で気体が吸収した熱量はどのように表されるか。正しいものを，次の①～⑥の中から一つ選びなさい。　　8

① $2p_0V_0$　　　② $4p_0V_0$　　　③ $6p_0V_0$

④ $-2p_0V_0$　　⑤ $-4p_0V_0$　　⑥ $-6p_0V_0$

第6回 実戦問題

C 次の図のように，容積Vの断熱容器Aと容積$2V$の断熱容器Bがある。容器の間は細い断熱管で結ばれ，栓で止めている。容器Aには物質量n，容器Bには物質量$2n$の単原子分子理想気体が入っている。はじめ，容器A内の温度はT_0であり，容器B内の温度は$\dfrac{1}{2}T_0$である。

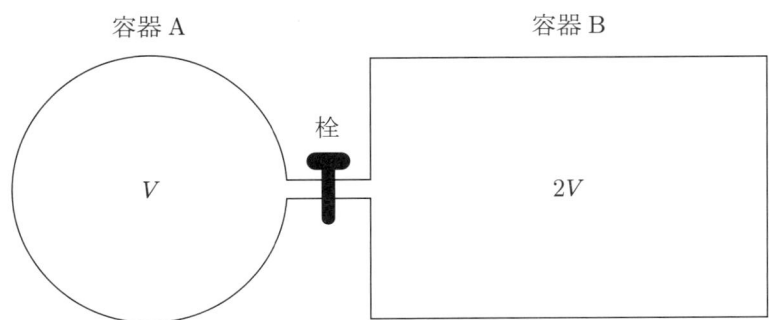

問3 栓を抜き，じゅうぶん時間が経過した後，容器B内の圧力ははじめの何倍になるか。正しいものを，次の①〜⑥の中から一つ選びなさい。　　9

① 2　　② $\dfrac{3}{2}$　　③ $\dfrac{4}{3}$　　④ $\dfrac{1}{2}$　　⑤ $\dfrac{2}{3}$　　⑥ $\dfrac{3}{4}$

Ⅲ 次の問い A (問1), B (問2), C (問3) に答えなさい。

A 次の図で示される方向に,人が速さ u,音源が速さ v で動いている。反射板は音源の右側に固定されている。音源から発する音の振動数を f_0 とする。音速を V とする。

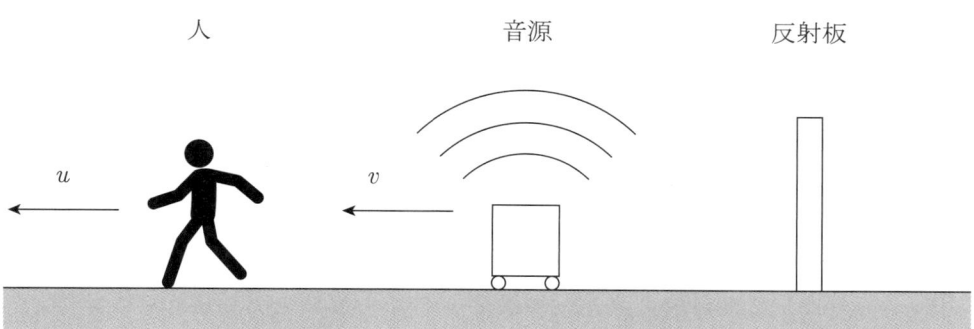

問1 人が聞く反射板からの反射音と音源からの直接音からなるうなりの振動数はどのように表されるか。正しいものを,次の①~⑥の中から一つ選びなさい。 $\boxed{10}$

① $\dfrac{2V(V-u)}{(V-v)(V+v)}f_0$ ② $\dfrac{2v(V-u)}{(V-v)(V+v)}f_0$ ③ $\dfrac{2V(V+u)}{(V-v)(V+v)}f_0$

④ $\dfrac{2v(V+u)}{(V-v)(V+v)}f_0$ ⑤ $\dfrac{2v}{V-v}f_0$ ⑥ $\dfrac{2v}{V+v}f_0$

第6回 実戦問題

B 次の図のように，焦点距離 20cm の凸レンズと焦点距離 40cm の凹レンズが 40cm 離れて置かれている。

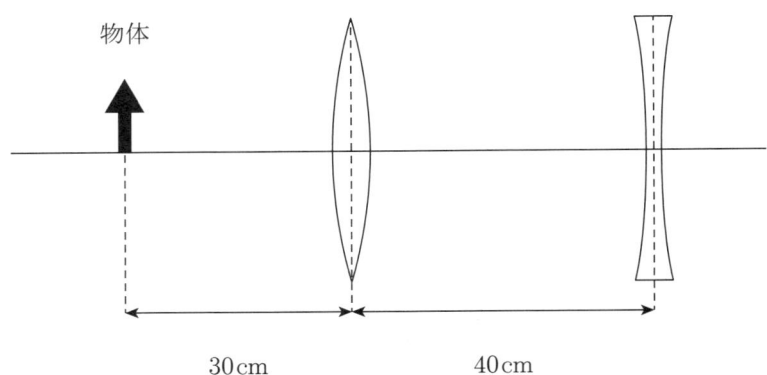

問2 凸レンズの前方 30cm にある物体の像はどのように現れるか。正しい組み合わせを，次の①～④の中から選びなさい。　　11

	位置	像の種類
①	凹レンズ右側 40cm	倒立実像
②	凸レンズ右側 20cm	倒立虚像
③	凹レンズ右側 40cm	正立実像
④	凸レンズ右側 20cm	正立虚像

C 図1のように絶対屈折率1.4の平板ガラス2枚のうち1枚を水平面にし，もう1枚を一方に変形しない薄い金属箔を挟んで傾けておく。2枚のガラスが接する位置から金属箔までの長さをL，金属箔の厚さをDとする。鉛直上方から入射した光が同じ方向に反射される光を水平なスクリーンに当てて観測する。ここで，図2のように上のガラスを固定して，下のガラスを水平に保ったまま鉛直下方にゆっくりと下降させた。すると，ガラスの上側においたスクリーンにできる干渉縞の位置が移動していくのが観測された。

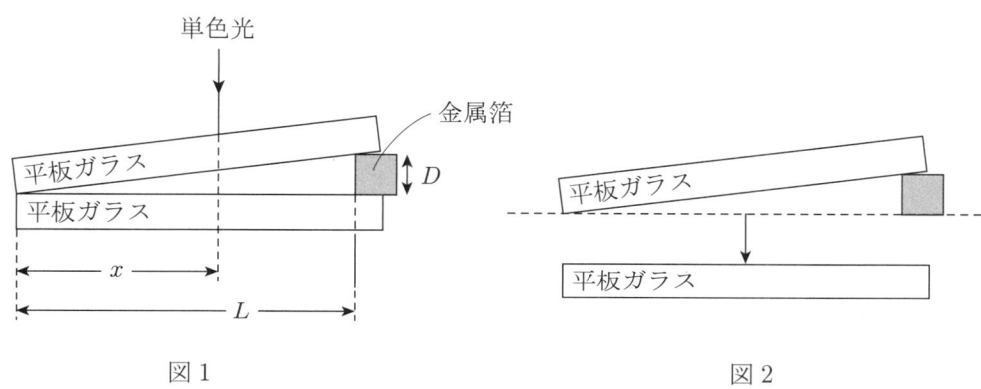

図1　　　　　　　　　　　　図2

問3　下のガラスを動かす前に位置xにあった明線はどの向きに移動するか。また，干渉縞の間隔は，下のガラスの下降とともにどう変わるか。最も適当な組み合わせを，次の①〜⑥の中から一つ選びなさい。　12

	位置xにあった明線	干渉縞の間隔
①	右に動く	しだいに大きくなる
②	右に動く	しだいに小さくなる
③	右に動く	変化しない
④	左に動く	しだいに大きくなる
⑤	左に動く	しだいに小さくなる
⑥	左に動く	変化しない

第6回 実戦問題

IV 次の問い A（問1），B（問2），C（問3），D（問4），E（問5），F（問6）に答えなさい。

A 次の図のように，正三角形の頂点B，Cの上に，電気量Qの正の点電荷を置く。

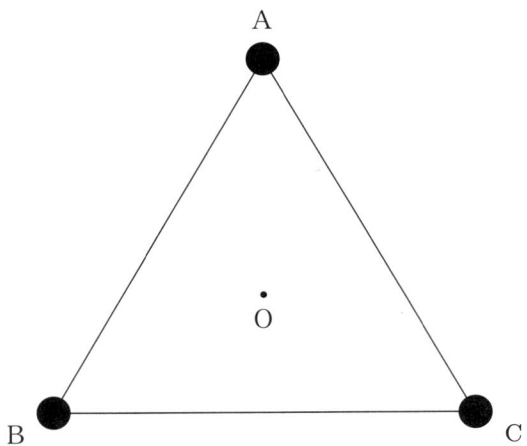

問1 正三角形の重心Oにおける電場Eと電位Vを0にする場合に対して，それぞれ頂点Aにどのような点電荷を置けばよいか。最も適当な組み合わせを，次の①〜⑥の中から一つ選びなさい。　**13**

	Eを0にするために	Vを0にするために
①	$+Q$	$-2Q$
②	$+2Q$	$+2Q$
③	$+\sqrt{3}\,Q$	$+Q$
④	$-Q$	$+2Q$
⑤	$-2Q$	$+Q$
⑥	$-\sqrt{3}\,Q$	$-2Q$

B 次の図のように，コンデンサー C_1，C_2，C_3 とスイッチ S を接続している。コンデンサー C_1，C_2 と C_3 の電気容量はそれぞれ $2\mu F$，$1\mu F$ と $6\mu F$ である。コンデンサー C_1，C_2 はすでに 20V で充電され，C_3 にはまだ電荷が蓄えられていない。コンデンサー C_1，C_2 の極板の帯電の正負は図に示されたようになっている。

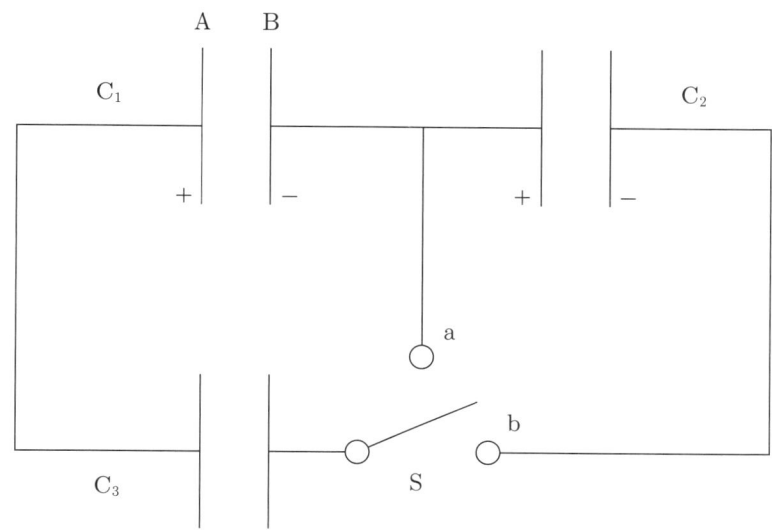

問2 この状態から，まずスイッチ S を端子 a に入れ，次に端子 b に切り替えた後，C_1 の極板 A 上の電荷はどうなるか。正しいものを，次の①〜⑥の中から一つ選びなさい。 **14**

① $2\mu C$ ② $3\mu C$ ③ $4\mu C$

④ $-2\mu C$ ⑤ $-3\mu C$ ⑥ $-4\mu C$

第6回　実戦問題

C
次の図のように，起電力 V の電池に抵抗値 $\dfrac{R}{2}$ 電気抵抗 1 個と抵抗値 R の電気抵抗 n 個をつないだ。電池の内部抵抗は無視できるものとする。

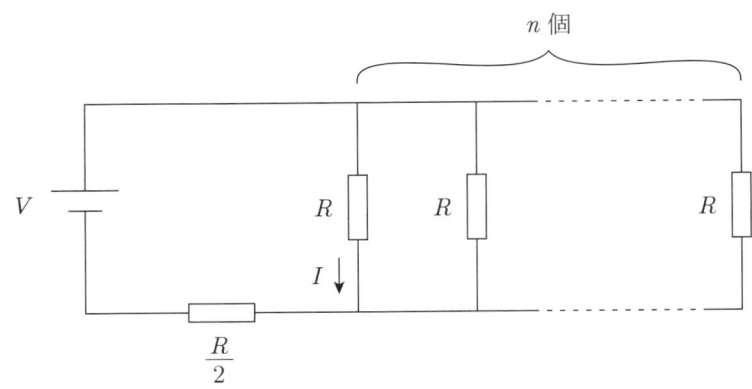

問3　抵抗値 R に流れる電流 I はどのように表されるか。正しいものを，次の①〜④の中から一つ選びなさい。　15

① $\dfrac{V}{(n+2)R}$　　② $\dfrac{2V}{(n+2)R}$　　③ $\dfrac{nV}{(n+2)R}$　　④ $\dfrac{2nV}{(n+2)R}$

D 次の図のように，紙面に垂直で，紙面の表から裏の向きに，磁束密度の大きさ B の一様な磁場が加えられている。電極 A と B が狭い間隔で平行に置かれていて，電極 A につながっている電子源から電子を速度 0 で射出させる。電極 A は B の電位より高い。各電極は網目状で，電子は電極を自由に通過できる。また，電子の運動は電極の長さの範囲内で起こるものとする。一方，電極の間隔は円運動の半径に比べて十分短く，電極間を通過する時の磁場の効果や，通過するのに要する時間は無視できるものとする。

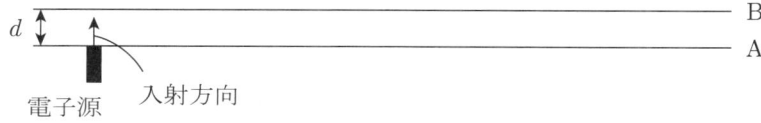

問4 射出される電子の比電荷が $\dfrac{e}{m}$ である時，n 回目に電極 A に戻るまでかかる時間はどれぐらいか。最も適当な値を①〜④から選びなさい。　16

① $\dfrac{n\pi m}{eB}$　　② $\dfrac{2n\pi m}{eB}$　　③ $\dfrac{n\pi m}{2eB}$　　④ $\dfrac{4n\pi m}{eB}$

第6回　実戦問題

E 次の図のように，十分に長く，太さと電気抵抗の無視できる導線のレール2本が水平面上に互いに平行に間隔 l で設置されている。ここに鉛直上向きの一様な磁束密度 B の磁場が存在する。2本のレールの間の距離と同じ長さ l で太さの無視できる導体棒 A, B, C がレールと垂直になるように置かれており，三つの導体棒の電気抵抗は同じく R である。ここで，三つの棒をそれぞれ一定の速さ v_A, v_B, v_C でレールに沿って移動させた。ただし $v_B \leq v_C \leq v_A$ とする。また，導体棒とレールの間の摩擦は無視できるものとする。

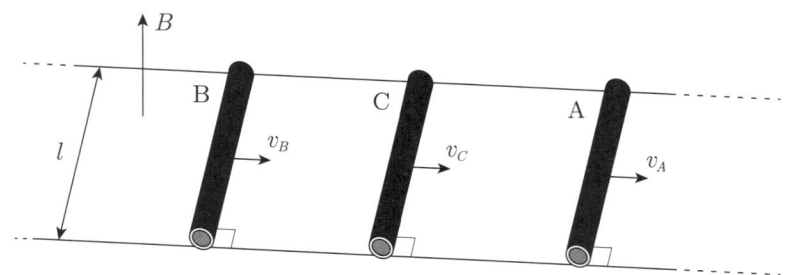

問5 導体棒 B を流れる電流の大きさはどのように表されるか。最も適当なものを，次の①〜④の中から一つ選びなさい。　**17**

① $\dfrac{Bl}{3R}(v_C - 2v_B + v_A)$　　② $\dfrac{Bl}{3R}(v_C - v_B + v_A)$

③ $\dfrac{Bl}{3R}(v_C + v_B + v_A)$　　④ $\dfrac{Bl}{3R}(v_C - 2v_B - v_A)$

④ $\dfrac{\pi\sqrt{LC}}{2}$

第6回 実戦問題

V 次の問い A（問1）に答えなさい。

A 中性子 n が $^{14}_{7}\text{N}$ に衝突し，$^{14}_{6}\text{C}$ と陽子 p が生成される。光の速さは $3.0 \times 10^8 \text{m/s}$ であり，中性子 n と陽子 p の質量はそれぞれ，1.0087u，1.0073u，$1\text{u} = 1.66 \times 10^{-27}\text{kg}$ である。$^{14}_{7}\text{N}$ と $^{14}_{6}\text{C}$ の質量は等しいとする。

問1 この核反応の前後における，各粒子の運動エネルギーの総和の変化量はいくらか。正しいものを，次の①〜⑦の中から一つ選びなさい。なお，各粒子が持つエネルギーは静止エネルギーと運動エネルギーの和である。 19

① 1.3×10^{14}　　② 2.1×10^{-13}　　③ 7.0×10^{-22}　　④ 0
⑤ -7.0×10^{-22}　　⑥ -2.1×10^{-13}　　⑦ -1.3×10^{14}

物理の問題はこれで終わりです。解答欄の 20 〜 75 はマークしないでください。
解答用紙の科目欄に「物理」が正しくマークしてあるか，もう一度確かめてください。

この問題冊子を持ち帰ることはできません。

第7回

実戦問題
解答時間 35分

正解と得点分布図確認

QRコードを読み取ってオンライン解答用紙に解答を記入し、正解と得点分布を確認してください。

物理

「解答科目」記入方法

解答科目には「物理」,「化学」,「生物」がありますので,この中から2科目を選んで解答してください。選んだ2科目のうち,1科目を解答用紙の表面に解答し,もう1科目を裏面に解答してください。

「物理」を解答する場合は,右のように,解答用紙にある「解答科目」の「物理」を〇で囲み,その下のマーク欄をマークしてください。

科目が正しくマークされていないと,採点されません。

<解答用紙記入例>

解答科目 Subject		
物 理 Physics	化 学 Chemistry	生 物 Biology
●	○	○

第7回　実戦問題

I 次の問い A（問1），B（問2），C（問3），D（問4），E（問5），F（問6）に答えなさい。
ただし，重力加速度の大きさを g とし，空気の抵抗は無視できるものとする。

A 次の図のように，質量 m の一様な細い棒が軽い糸で接続されて静止している。棒の長さは l である。棒の下端は粗い水平面に接し，糸と鉛直方向のなす角度は $30°$，棒と地面のなす角度は $45°$ である。

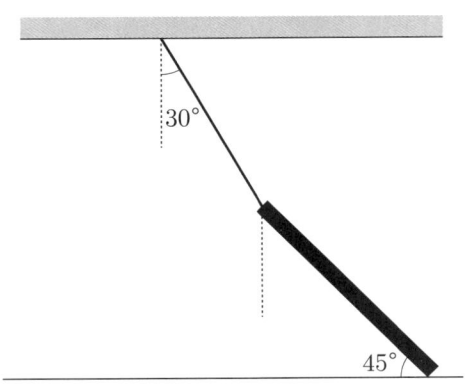

問1 この時の糸の張力の大きさ T と静止摩擦力の大きさ f を表す組み合わせとして，正しいものを，次の①～⑥の中から一つ選びなさい。　**1**

	T	f
①	$\dfrac{1+\sqrt{3}}{2}mg$	$\dfrac{1+\sqrt{3}}{2}mg$
②	$\dfrac{1+\sqrt{3}}{2}mg$	$\dfrac{1+\sqrt{3}}{4}mg$
③	$\dfrac{\sqrt{3}-1}{2}mg$	$\dfrac{1+\sqrt{3}}{4}mg$
④	$\dfrac{\sqrt{3}-1}{2}mg$	$\dfrac{1+\sqrt{3}}{2}mg$
⑤	$\dfrac{1+\sqrt{3}}{4}mg$	$\dfrac{\sqrt{3}-1}{2}mg$
⑥	$\dfrac{1+\sqrt{3}}{4}mg$	$\dfrac{\sqrt{3}-1}{4}mg$

B 次の図のように，水平な床から高さ H の台の上に，小球を置く。小球に水平方向と $45°$ をなす向きに初速を与えた。その後小球は最高点に達してから床に落下した。台の端から最高点までの鉛直距離は h，台の端から落下点までの水平距離は $6h$ であった。

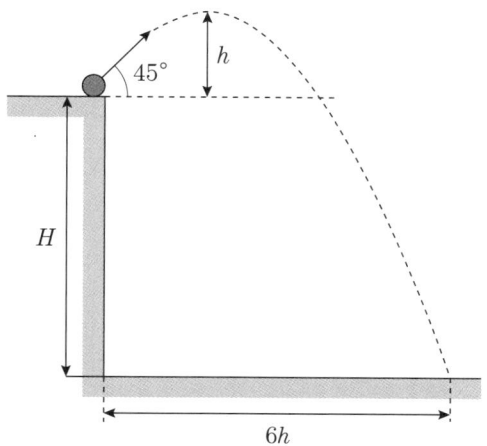

問2 台の高さ H はどのように表されるか。正しいものを，次の①〜⑥の中から一つ選びなさい。　2

① h　　② $2h$　　③ $3h$　　④ $4h$　　⑤ $5h$　　⑥ $6h$

第7回 実戦問題

C 次の図のように，加速度 a で上昇しているエレベーターの天井に定滑車がつながっている。伸び縮みしない軽い糸の両端に質量 M のおもり A と質量 $3M$ のおもり B をつけ，定滑車にかける。最初，エレベーター内にいる人は糸が鉛直でたるまないように B を支えた。次に，B を静かにはなしたところ，B は鉛直下向きに動き出した。滑車は摩擦なく回転し，その質量は無視できるものとする。

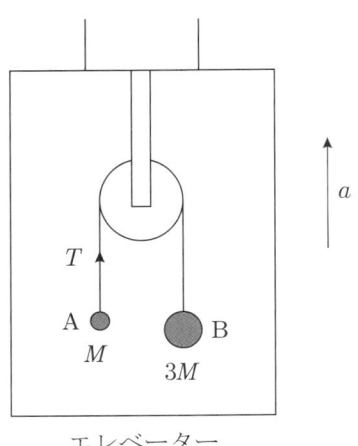

エレベーター

問3 この時，糸の張力 T はどのように表されるか。正しいものを，次の①〜⑥の中から一つ選びなさい。　　3

① $\dfrac{1}{2}Mg$ 　　② $\dfrac{3}{2}Mg$ 　　③ $\dfrac{1}{2}M(g-a)$

④ $\dfrac{3}{2}M(g-a)$ 　　⑤ $\dfrac{1}{2}M(g+a)$ 　　⑥ $\dfrac{3}{2}M(g+a)$

D 次の図のように,なめらかな水平面上にばね定数 k の軽いばねを置き,一端に質量 m の小球をつけ,他端を壁に固定する。小球をばねが自然長となる位置から右向きに初速 v を与えたところ,小球は単振動しはじめた。

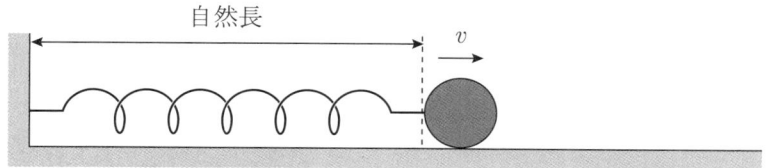

問4 小球が運動し始めてから初めて速度が $\dfrac{v}{2}$ になるまでの時間はどのように表されるか。正しいものを,次の①～⑤の中から一つ選びなさい。 4

① $\dfrac{\pi}{4}\sqrt{\dfrac{m}{k}}$ ② $\dfrac{\pi}{3}\sqrt{\dfrac{m}{k}}$ ③ $\dfrac{\pi}{2}\sqrt{\dfrac{m}{k}}$ ④ $\pi\sqrt{\dfrac{m}{k}}$ ⑤ $2\pi\sqrt{\dfrac{m}{k}}$

E 次の図のように，滑らかな水平面に伸び縮みしない軽い糸の一端を点 O に取り付け，他端を質量 m の小球に取り付ける。

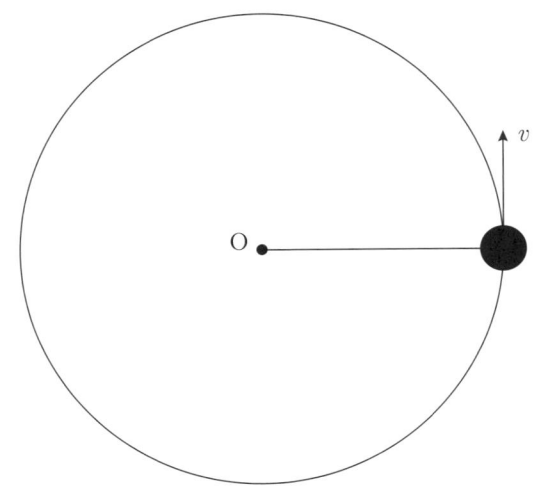

問 5　小球を速さ v で等速円運動させるとき，円軌道を 1 周する間に，糸の張力が小球に与える力積はどのように表されるか。正しいものを，次の①〜⑤の中から一つ選びなさい。 5

① 0　　② $\dfrac{\pi}{2}mv$　　③ πmv　　④ $\dfrac{3\pi}{2}mv$　　⑤ $2\pi mv$

F 地球を半径 R の球とし,地表での重力加速度の大きさを g とする。次の図のように,地球を中心として半径 $2R$ の等速円運動をする人工衛星がある。

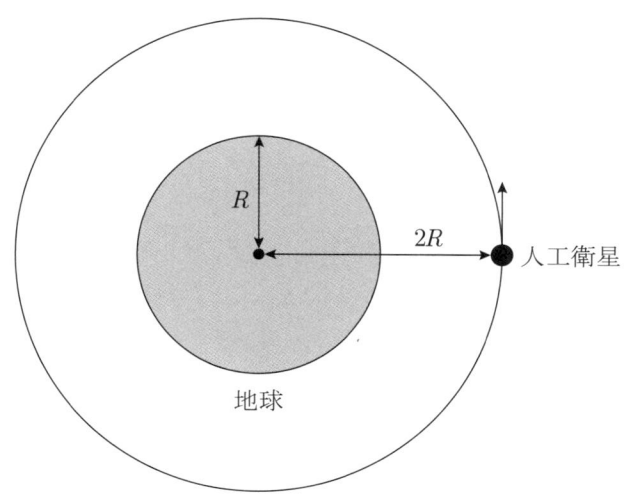

問6 この人工衛星の等速円運動の角速度はどのように表されるか。正しいものを,次の①～⑥の中から一つ選びなさい。　6

① $\sqrt{\dfrac{g}{8R}}$　　② $\sqrt{\dfrac{g}{4R}}$　　③ $\sqrt{\dfrac{g}{2R}}$

④ $\sqrt{\dfrac{R}{8g}}$　　⑤ $\sqrt{\dfrac{R}{4g}}$　　⑥ $\sqrt{\dfrac{R}{2g}}$

第7回　実戦問題

II 次の問い A（問1），B（問2），C（問3）に答えなさい。

A 断熱容器内に液体があり，その中に液体より低温の物体を入れる。じゅうぶん時間がたった後，液体と物体が等しい温度になった。液体の熱容量を C_1 とし，物体の熱容量を C_2 とする。熱は液体と物体の間だけを移動するものとし，移動する熱量を Q とする。

問1　最初，液体と物体の温度差はどのように表されるか。正しいものを，次の①〜⑥の中から一つ選びなさい。　**7**

① $\dfrac{C_1 Q}{C_2}$　　　　　② $\dfrac{C_2 Q}{C_1}$　　　　　③ $\dfrac{(C_1+C_2)Q}{C_1 C_2}$

④ $\dfrac{(C_1-C_2)Q}{C_1 C_2}$　　　⑤ $(C_1+C_2)Q$　　　　⑥ $(C_1-C_2)Q$

B 図1のように，鉛直方向に滑らかに動くことが出来る軽いピストンがついたシリンダーに，理想気体が閉じ込めてある。シリンダーとピストンは断熱材でできている。はじめ気体の温度は T_A であった。その後静かに質量 m のおもりをピストンの上に置いたところ，図2のようにピストンの高さが下がった。ピストンの断面積を S とし，大気圧を P とする。

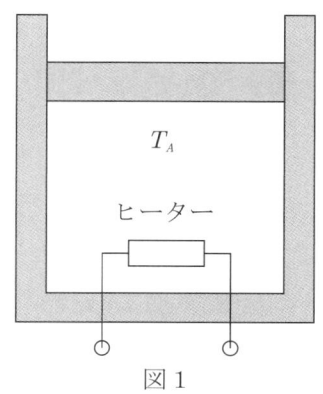
図1

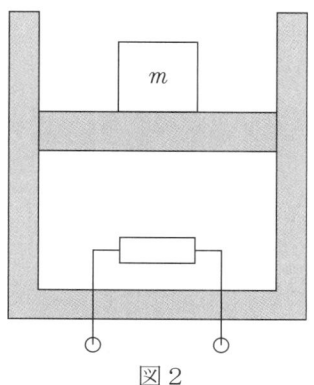
図2

問2 シリンダー内の気体をヒーターで加熱し，ピストンをもとの高さに戻した時，気体の圧力 P_B と温度 T_B はどのように表されるか。正しい組み合わせを，次の①〜⑥の中から一つ選びなさい。　　8

	P_B	T_B
①	P	T_A
②	P	$\left(1+\dfrac{mg}{PS}\right)T_A$
③	P	$\left(1-\dfrac{mg}{PS}\right)T_A$
④	$P+\dfrac{mg}{S}$	T_A
⑤	$P+\dfrac{mg}{S}$	$\left(1+\dfrac{mg}{PS}\right)T_A$
⑥	$P+\dfrac{mg}{S}$	$\left(1-\dfrac{mg}{PS}\right)T_A$

第7回　実戦問題

C 1molの単原子分子理想気体をシリンダーの中に入れ，その状態を次の$V\text{-}T$図のように，状態A→状態B→状態C→状態D→状態Aのサイクルで変化させた。気体定数をRとする。

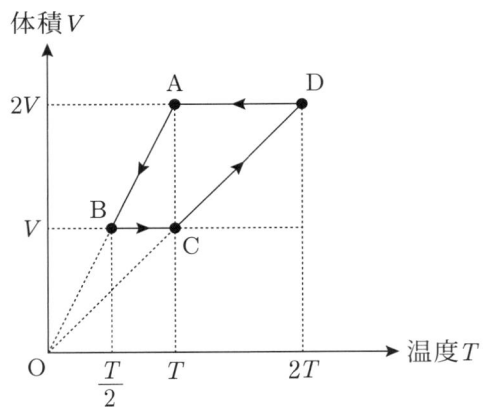

問3 1サイクルの中で，気体がされた正味の仕事として，最も適当な値を，次の①〜⑥の中から一つ選びなさい。ただし，マイナスの符号は，気体が外にした仕事を意味する。$\boxed{9}$

① $\dfrac{1}{2}RT$　　② RT　　③ $2RT$　　④ $-\dfrac{1}{2}RT$　　⑤ $-RT$　　⑥ $-2RT$

III 次の問い A(問1), B(問2), C(問3) に答えなさい。

A 水面上に逆位相で同じ振幅, 同じ振動数, 波長が 20 cm の波源 A と B が距離 100 cm 離れたところで置かれている。

問1 水面上の干渉縞はどのように観測されるか。観測される水面上の干渉縞として最も適当なものを, 次の①〜④の中から一つ選びなさい。ただし, 実線は強め合う点を結んだ線である。　10

①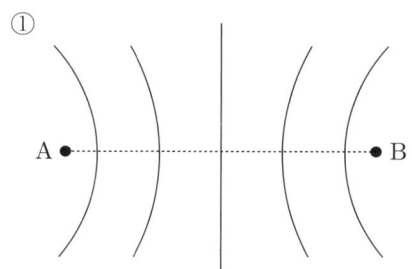

②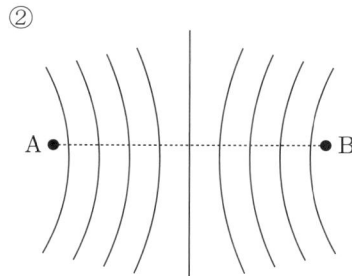

③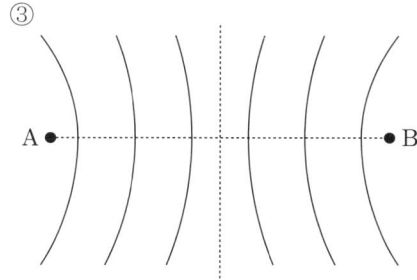

④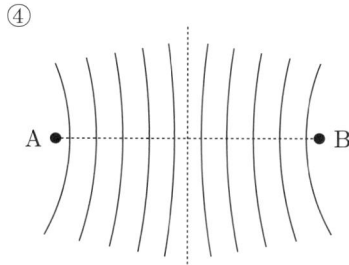

B 次の図のように，長さ l の閉管の開口付近にスピーカーを置き振動数 f の音をだしたところ，開口端を含めた腹の数が n の定在波の気柱に生じ，共鳴が起きた。音の速さを V とし，開口端補正は無視できるものとする。

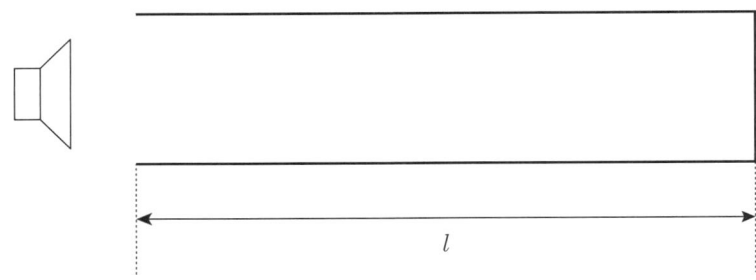

問2 f はどのように表されるか。正しいものを，次の①～⑥の中から一つ選びなさい。 | 11 |

① $\dfrac{(2n-1)V}{4l}$ ② $\dfrac{nV}{4l}$ ③ $\dfrac{(2n+1)V}{4l}$

④ $\dfrac{(2n-1)V}{2l}$ ⑤ $\dfrac{nV}{2l}$ ⑥ $\dfrac{(2n+1)V}{2l}$

C 次の図のように,絶対屈折率が n,厚みが d の薄膜がある。光が斜めに入射角 θ で空気から薄膜に入射する時,膜の表面で反射した光と,膜の底面で反射した光が干渉し合う。

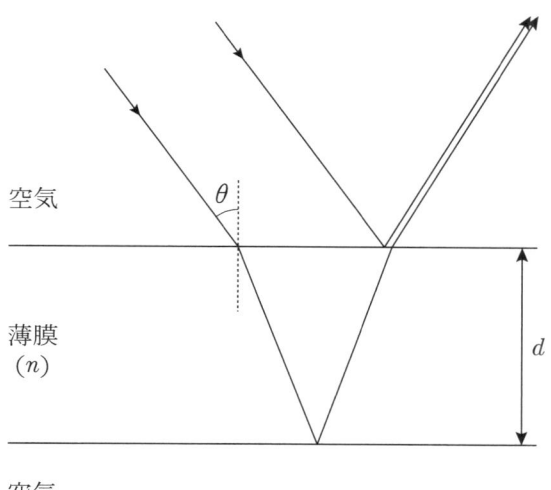

問3 薄膜内の光の波長を λ とする場合,2つの反射光が強め合う条件として,正しいものを,次の①～⑥の中から一つ選びなさい。ただし,$m = 1, 2, 3, \cdots$ とする。　　12

① $2nd\cos\theta = m\lambda$

② $2nd\cos\theta = \left(m + \dfrac{1}{2}\right)\lambda$

③ $2nd\cos\theta = \left(m - \dfrac{1}{2}\right)\lambda$

④ $\dfrac{2d\sqrt{n^2 - \sin^2\theta}}{n} = m\lambda$

⑤ $\dfrac{2d\sqrt{n^2 - \sin^2\theta}}{n} = \left(m + \dfrac{1}{2}\right)\lambda$

⑥ $\dfrac{2d\sqrt{n^2 - \sin^2\theta}}{n} = \left(m - \dfrac{1}{2}\right)\lambda$

第7回　実戦問題

IV 次の問い A（問1），B（問2），C（問3），D（問4），E（問5），F（問6）に答えなさい。

A 次の図のように，y軸上に電気量が$q(>0)$の点電荷を2つ固定した。x軸上の$-x$方向のじゅうぶん遠い場所に質量m，電気量$q(>0)$の点電荷を初速度v_0で$+x$方向に運動させる。クーロンの法則の比例定数をkとする。

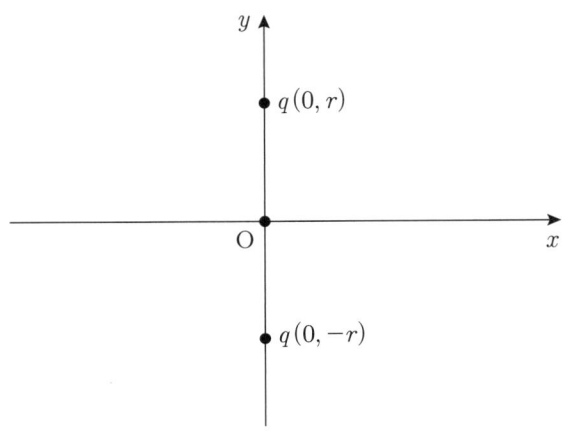

問1　この点電荷が$+x$方向のじゅうぶん遠い場所に到達するために，初速度v_0の最小値はどのように表されるか。正しいものを，次の①〜⑥の中から一つ選びなさい。　**13**

① $q\sqrt{\dfrac{k}{mr}}$　　② $q\sqrt{\dfrac{2k}{mr}}$　　③ $2q\sqrt{\dfrac{k}{mr}}$

④ $q\sqrt{\dfrac{mr}{k}}$　　⑤ $q\sqrt{\dfrac{2mr}{k}}$　　⑥ $2q\sqrt{\dfrac{mr}{k}}$

B 次の図のように，直流電源，コンデンサー C_1，C_2，C_3 とスイッチ S_1，S_2 を接続している。電源の起電力は E，C_1，C_2，C_3 の電気容量はそれぞれ C，$2C$ と $2C$ である。最初，スイッチはすべて開いていて，C_1，C_2，C_3 に電荷は蓄えられていなかった。S_1 を端子 a に入れてじゅうぶん時間が経過したあと，端子 b に切り替えてじゅうぶん時間が経過した。

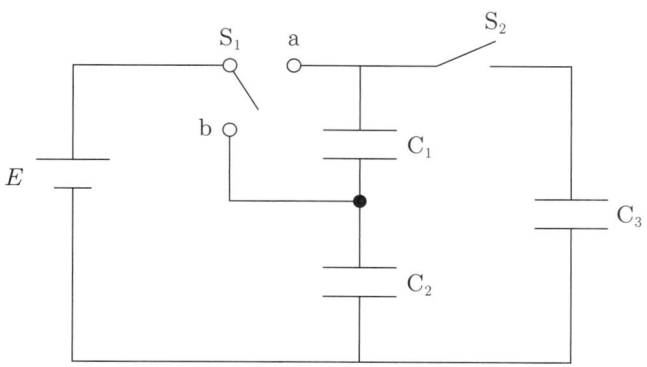

問2 次に，S_1 を開き，S_2 を閉じてじゅうぶん時間が経過したあと，C_3 に蓄えられる電気量はどのように表されるか。正しいものを，次の①〜⑥の中から一つ選びなさい。 $\boxed{14}$

① $\dfrac{1}{6}CE$ ② $\dfrac{1}{3}CE$ ③ $\dfrac{1}{2}CE$

④ $\dfrac{2}{3}CE$ ⑤ $\dfrac{5}{6}CE$ ⑥ CE

第7回 実戦問題

C 次の図のように，起電力 V の電池，抵抗値 R の2つの抵抗，自己インダクタンス L のコイル，スイッチ S を接続した。最初，S は開いていて，一定の電流が抵抗を流れていた。電池の内部抵抗は無視できるものとする。

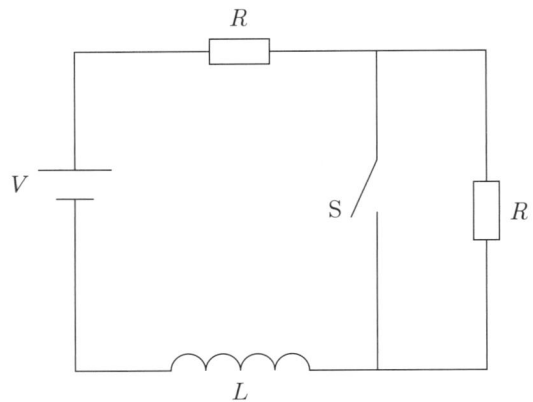

問3 S を閉じてから，抵抗に流れる電流が再び一定になるまでに，コイルに蓄えられるエネルギーの変化はどのように表されるか。正しいものを，次の①～⑥の中から一つ選びなさい。 15

① $\dfrac{LV^2}{8R^2}$ ② $\dfrac{LV^2}{4R^2}$ ③ $\dfrac{3LV^2}{8R^2}$

④ $\dfrac{LV^2}{2R^2}$ ⑤ $\dfrac{5LV^2}{8R^2}$ ⑥ $\dfrac{3LV^2}{4R^2}$

D 次の図のように，紙面に垂直な3本の十分に長い直線導線が，紙面内の正三角形ABCの頂点A，頂点B，BCの中点Pをそれぞれ通っている。正三角形の一辺の長さは a である。AとPを通る導線に紙面の裏から表に向かう向きに大きさ I の電流が流れている。Bを通る導線に紙面の表から裏に向かう向きに大きさ $2I$ の電流が流れている。Cを通る導線に，ある向きにある大きさの電流を流したところ，Pを通る導線が受ける力はPからAに向かう向きになった。空間の透磁率を μ とする。

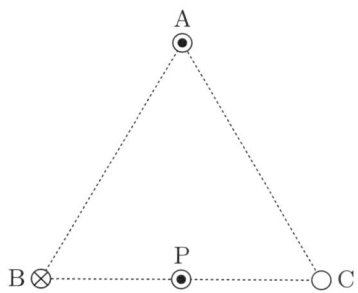

問4 Cを通る導線に流した電流 I_C はどのように表されるか。ただし，紙面の裏から表の向きの電流を正とする。またこの時，Pを通る導線が単位長さあたりに受ける力 F はどのように表されるか。正しい組み合わせを，次の①〜⑧から選びなさい。　**16**

	電流 I_C	力 F
①	$-2I$	$\dfrac{\sqrt{2}}{2}\dfrac{\mu I^2}{\pi a}$
②	$2I$	$\dfrac{\sqrt{3}}{3}\dfrac{\mu I^2}{\pi a}$
③	$-I$	$\dfrac{\sqrt{3}}{2}\dfrac{\mu I^2}{\pi a}$
④	I	$\dfrac{1}{2}\dfrac{\mu I^2}{\pi a}$
⑤	$-2I$	$\dfrac{\sqrt{3}}{3}\dfrac{\mu I^2}{\pi a}$
⑥	$2I$	$\dfrac{\sqrt{2}}{2}\dfrac{\mu I^2}{\pi a}$
⑦	$-I$	$\dfrac{1}{2}\dfrac{\mu I^2}{\pi a}$
⑧	I	$\dfrac{\sqrt{3}}{2}\dfrac{\mu I^2}{\pi a}$

第7回　実戦問題

E 次の図のように，右向きに大きさが E の一様な電場がかけられた領域Ⅰと磁束密度の大きさが B の一様な磁場が，紙面に垂直で裏から表に向かう方向にかけられた領域Ⅱが接している。領域Ⅰにおいて，電気量 $q(>0)$，質量 m の点電荷を，速さ v で，上向きに打ち出したところ，境界面上の点Pを通り速さ $2v$ で領域Ⅱに入射した。重力の影響は無視でき，点電荷の運動は紙面内に限られているものとする。

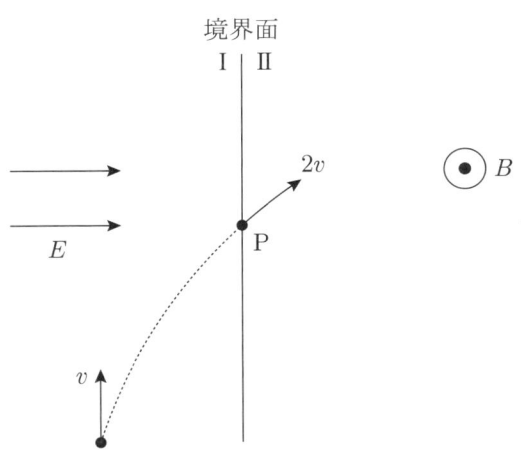

問5 点電荷が打ち出されてから領域Ⅱに入り，再び境界面を通るまでの時間を表す式として，正しいものを，次の①〜⑥の中から一つ選びなさい。　**17**

① $\dfrac{\sqrt{3}\,mv}{qB} + \dfrac{4}{3}\dfrac{\pi m}{qB}$　　② $\dfrac{\sqrt{3}\,mv}{qB} + \dfrac{\pi m}{qB}$　　③ $\dfrac{\sqrt{3}\,mv}{qB} + \dfrac{2}{3}\dfrac{\pi m}{qB}$

④ $\dfrac{2mv}{qB} + \dfrac{4}{3}\dfrac{\pi m}{qB}$　　⑤ $\dfrac{2mv}{qB} + \dfrac{\pi m}{qB}$　　⑥ $\dfrac{2mv}{qB} + \dfrac{2}{3}\dfrac{\pi m}{qB}$

F 次の図のように，大きさ B で紙面に垂直上向きの一様な磁場の領域がある。領域の幅は L である。横の辺の長さが $2L$ で縦の辺の長さが L の抵抗 R を含む長方形回路 ABCD が一定の速さ v でこの磁場の中に左側の境界面 a から入り，右側の境界面 b へ通り抜ける。AB が a に接する時間を t_0，AB が b に接する時間を t_1，CD が a に接する時間を t_2，CD が b に接する時間を t_3 とする。

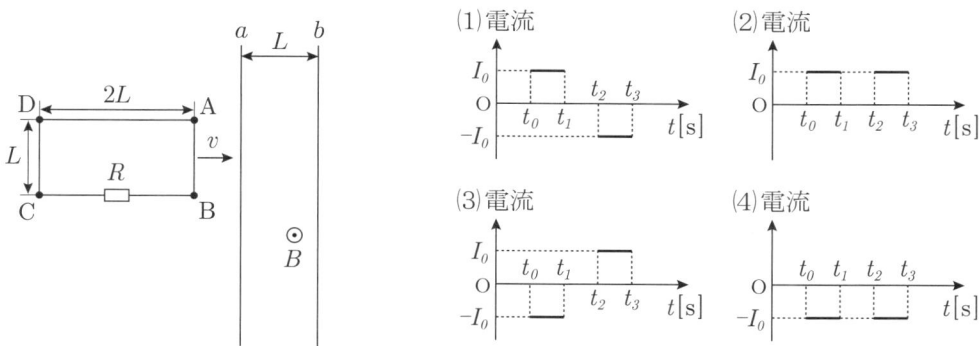

問6 回路に流れる電流は時間 t とともにどのように変化するか。また，電流 I_0 はどのように表されるか。最も適当な組み合わせを，次の①～⑧の中から一つ選びなさい。ただし，A→B 向きの電流を正とする。　**18**

	電流の変化	電流 I_0
①	(1)	$\dfrac{BLv}{R}$
②	(2)	$\dfrac{BLv}{R}$
③	(3)	$\dfrac{BLv}{R}$
④	(4)	$\dfrac{BLv}{R}$
⑤	(1)	$\dfrac{2BLv}{R}$
⑥	(2)	$\dfrac{2BLv}{R}$
⑦	(3)	$\dfrac{2BLv}{R}$
⑧	(4)	$\dfrac{2BLv}{R}$

第7回　実戦問題

V 次の問い A（問1）に答えなさい。

A 物質粒子が波動としてふるまう時の波を物質波という。真空中において，質量 m，電荷 $-e$，初速度 0 の電子が，加速電圧 V で加速された。プランク定数を h とする。

問1　この時の電子波（電子の物質波）の波長 λ はどのように表されるか。次の①〜⑥の中から一つ選びなさい。　　19

① $\dfrac{h}{\sqrt{meV}}$　　② $\dfrac{h}{\sqrt{2meV}}$　　③ $\dfrac{h}{2\sqrt{meV}}$

④ $\dfrac{\sqrt{meV}}{h}$　　⑤ $\dfrac{\sqrt{2meV}}{h}$　　⑥ $\dfrac{2\sqrt{meV}}{h}$

物理の問題はこれで終わりです。解答欄の **20** 〜 **75** はマークしないでください。
解答用紙の科目欄に「物理」が正しくマークしてあるか，もう一度確かめてください。

この問題冊子を持ち帰ることはできません。

第 8 回

実戦問題
解答時間 35 分

正解と得点分布図確認

QRコードを読み取ってオンライン解答用紙に解答を記入し、正解と得点分布を確認してください。

物理

「解答科目」記入方法

解答科目には「物理」,「化学」,「生物」がありますので，この中から2科目を選んで解答してください。選んだ2科目のうち，1科目を解答用紙の表面に解答し，もう1科目を裏面に解答してください。

「物理」を解答する場合は，右のように，解答用紙にある「解答科目」の「物理」を○で囲み，その下のマーク欄をマークしてください。

科目が正しくマークされていないと，採点されません。

<解答用紙記入例>

解答科目 Subject		
物 理 Physics	化 学 Chemistry	生 物 Biology
●	○	○

第8回 実戦問題

I 次の問い A（問1），B（問2），C（問3），D（問4），E（問5），F（問6）に答えなさい。
ただし，重力加速度の大きさを g とし，空気の抵抗は無視できるものとする。

A 次の図のように，密度 ρ，断面積 S，長さ l の一様な棒の一端を軽い糸につなぎ，水槽の中に沈めたところ，液面と棒のなす角度が $30°$ となるところで全体が静止した。水の密度を 2ρ とする。

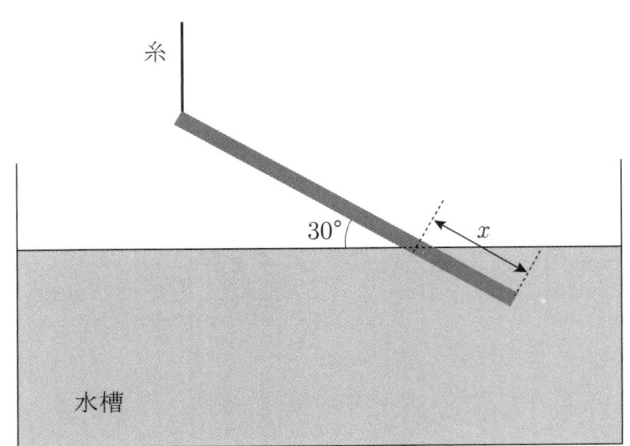

問1 液面下に沈んでいる棒の平均長さ x はどのように表されるか。正しいものを，次の①〜⑥の中から一つ選びなさい。　**1**

① $(2+\sqrt{2})l$　　② $(2-\sqrt{2})l$　　③ $\dfrac{2+\sqrt{2}}{2}l$

④ $\dfrac{2-\sqrt{2}}{2}l$　　⑤ $\dfrac{2+\sqrt{3}}{2}l$　　⑥ $\dfrac{2-\sqrt{3}}{2}l$

B 次の図のように,水平面と 30° をなす斜面の下端から,斜面と角度 θ をなす向きに初速度 v_0 で小球を投射したところ,斜面上の下端と L だけ離れている点に落下した。

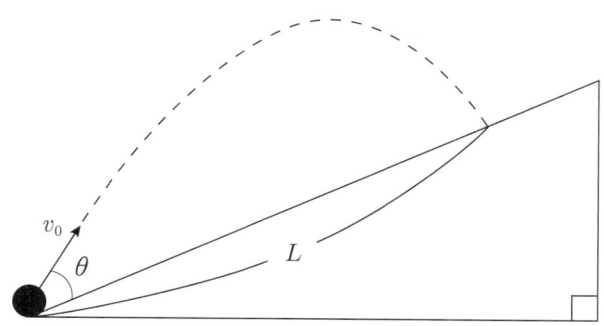

問2 距離 L が最大になるときの θ はいくつか。正しいものを,次の①〜④の中から一つ選びなさい。 2

① 15°　　② 30°　　③ 45°　　④ 60°

C 次の図のように，物体AとBをばね定数kの軽いばねでつなぎ，静かに水平面上においたところ，物体A，Bが静止した。この状態から，物体Aに鉛直上向きに外力を加え，物体Aをゆっくり引き上げたところ，やがて物体Bが水平面から離れた。物体AとBの質量をそれぞれm_A，m_Bとする。

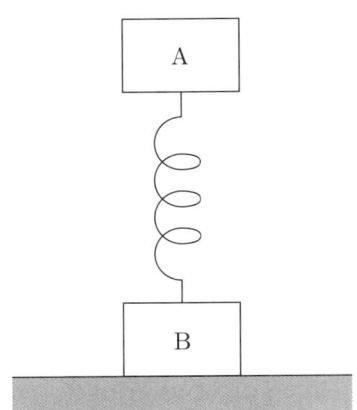

問3 物体Aに外力を加え始めてから，物体Bが水平面から離れる直前までに外力がした仕事はどのように表されるか。正しいものを，次の①〜⑥の中から一つ選びなさい。 3

① $\dfrac{(m_A{}^2+m_B{}^2)}{2k}g^2$ ② $\dfrac{(m_A{}^2+m_B{}^2)}{k}g^2$ ③ $\dfrac{(3m_A{}^2+m_B{}^2)}{2k}g^2$

④ $\dfrac{(m_A+m_B)^2}{k}g^2$ ⑤ $\dfrac{(3m_A+m_B)}{2k}g^2$ ⑥ $\dfrac{(m_A+m_B)^2}{2k}g^2$

D 次の図のように，鉛直面上の点Oに軽い糸の一端を固定し，糸の他端に小球をつなげる。小球は，O点を中心に鉛直面内で糸の長さを半径とする円運動をすることができる。図のように，最下点Aで静止している小球に水平方向の初速度を与え，鉛直面内で円運動をさせる。

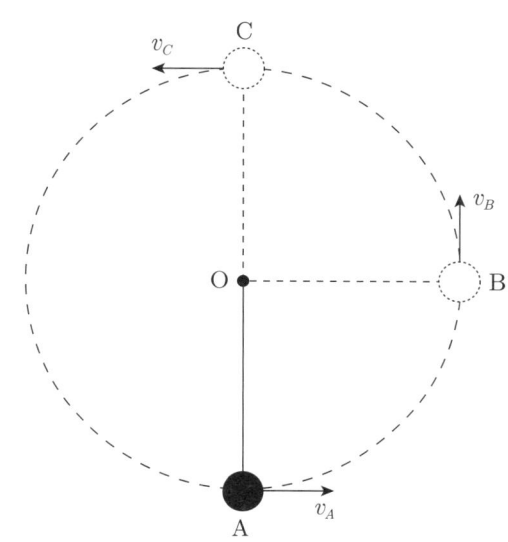

問 4 小球に鉛直面内で円運動を行うための最小の初速度 v_A を与えたとき，O点と等しい高さの点Bに達したときの速さを v_B，最高点Cに達したときの速さを v_C とすると，速さの比 $\dfrac{v_B}{v_A}$，$\dfrac{v_C}{v_A}$ の値はそれぞれいくらか。正しい組み合わせを，次の①～⑧の中から一つ選びなさい。

	①	②	③	④	⑤	⑥	⑦	⑧
$\dfrac{v_B}{v_A}$	$\dfrac{1}{4}$	$\dfrac{1}{2}$	$\sqrt{\dfrac{1}{3}}$	$\sqrt{\dfrac{3}{5}}$	$\sqrt{\dfrac{1}{3}}$	$\sqrt{\dfrac{3}{5}}$	$\dfrac{1}{5}$	$\dfrac{1}{4}$
$\dfrac{v_C}{v_A}$	0	0	$\sqrt{\dfrac{1}{5}}$	$\sqrt{\dfrac{1}{5}}$	$\sqrt{\dfrac{2}{5}}$	$\sqrt{\dfrac{2}{5}}$	$\dfrac{1}{2}$	$\dfrac{1}{2}$

E 次の図のように，等速直線運動をする質量 m の小球が，質量 M の小球に完全非弾性衝突した。

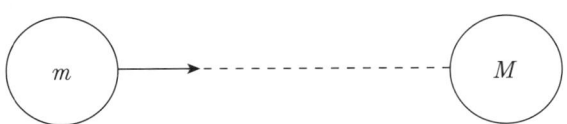

問5 衝突によって失われた力学的エネルギーは，衝突前に全体がもつ力学的エネルギーの何倍か。正しいものを，次の①〜⑥の中から一つ選びなさい。 5

① 0　　② $\dfrac{m}{m+M}$　　③ $\dfrac{M}{m+M}$　　④ $\dfrac{M}{m}$　　⑤ $\dfrac{m}{M}$　　⑥ 1

F 次の図のように,ばね定数 k の軽いばねの一端を壁に固定し,他端を質量 m の物体につなげた。最初,ばねは自然長であり,物体は水平面上に置かれている。水平面に沿って右向きに x 軸をとり,この時の物体の位置を $x=0$ とする。物体と水平面の間の動摩擦係数を μ とする。

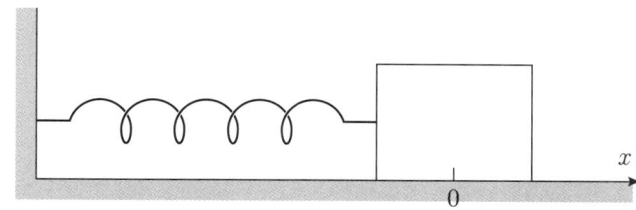

問6 物体を移動させ,ばねを伸ばし,静かに手を離したところ,物体は運動し,ばねが自然長のところで静止した。この運動を単振動として考える場合,振動中心の座標はどのように表されるか。また運動時間はどのように表されるか。正しい組み合わせを,次の①〜⑥の中から一つ選びなさい。　**6**

	①	②	③	④	⑤	⑥
振動中心座標	$-\dfrac{\mu mg}{k}$	$-\dfrac{\mu mg}{k}$	0	0	$\dfrac{\mu mg}{k}$	$\dfrac{\mu mg}{k}$
運動時間	$\pi\sqrt{\dfrac{m}{k}}$	$\dfrac{\pi}{2}\sqrt{\dfrac{m}{k}}$	$\pi\sqrt{\dfrac{m}{k}}$	$\dfrac{\pi}{2}\sqrt{\dfrac{m}{k}}$	$\pi\sqrt{\dfrac{m}{k}}$	$\dfrac{\pi}{2}\sqrt{\dfrac{m}{k}}$

第8回 実戦問題

II 次の問い A（問1），B（問2），C（問3）に答えなさい。

A 20℃の金属容器の中に60℃の水を入れ，じゅうぶん時間がたった後，金属容器と水がともに50℃になった。60℃の水の量を変え，20℃の同じ金属容器の中に入れて，じゅうぶん時間がたった後，金属容器と水の温度がともに35℃になった。熱は金属容器と水の間だけで移動するものとする。

問1　1回目に入れた水の量は，2回目の何倍か。正しいものを，次の①〜⑤の中から一つ選びなさい。　**7**

　　① 1　　② 2　　③ 3　　④ 4　　⑤ 5

B 次の図のように，鉛直方向に断熱材でできたシリンダーとピストンからなるヒーターのついた容器に 1mol の単原子分子理想気体がつめられている。ピストンはなめらかに動き，ばね定数 k のばねの一端が取り付けられている。ばねの他端はシリンダーに固定されている。ピストンの断面積は S，質量は m とする。ばねが自然長の時のピストンはシリンダー底部から高さ h のところで静止していた，これを状態 1 とする。ピストンのシリンダー底部からの高さが $2h$ になるまでヒーターで気体を加熱した，この時を状態 2 とする。大気圧を P_0 とする。

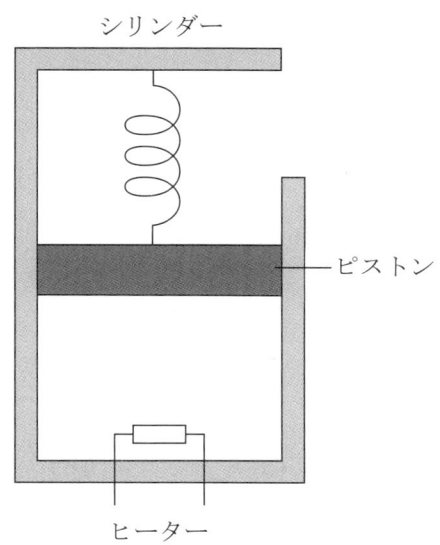

問 2 状態 1 から 2 までの過程で気体に与えられた熱量はどのように表されるか。正しいものを，次の①〜⑧の中から一つ選びなさい。 **8**

① $\dfrac{5}{2}(P_0S+mg)h+\dfrac{5}{2}kh^2$ ② $\dfrac{5}{2}(P_0S+mg)h+\dfrac{7}{2}kh^2$

③ $\dfrac{3}{2}(P_0S+mg)h+\dfrac{5}{2}kh^2$ ④ $\dfrac{3}{2}(P_0S+mg)h+\dfrac{7}{2}kh^2$

⑤ $\dfrac{5}{2}(P_0S-mg)h+\dfrac{5}{2}kh^2$ ⑥ $\dfrac{5}{2}(P_0S-mg)h+\dfrac{7}{2}kh^2$

⑦ $\dfrac{3}{2}(P_0S-mg)h+\dfrac{5}{2}kh^2$ ⑧ $\dfrac{3}{2}(P_0S-mg)h+\dfrac{7}{2}kh^2$

C 単原子分子理想気体をシリンダーの中に入れ，その状態を次のp-V図のように，状態A→状態B→状態C→状態Aのサイクルで変化させた。状態B→状態Cの間に気体与えた熱量をQとする。

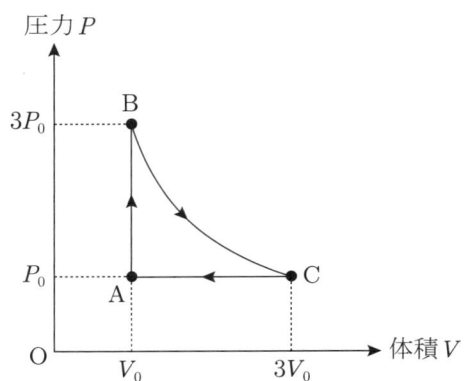

問3 このサイクルの熱効率はどのように表されるか。正しいものを，次の①～⑥の中から一つ選びなさい。 9

① $\dfrac{Q-P_0V_0}{Q+P_0V_0}$ 　　② $\dfrac{Q-P_0V_0}{Q+2P_0V_0}$ 　　③ $\dfrac{Q-2P_0V_0}{Q+3P_0V_0}$

④ $\dfrac{Q+P_0V_0}{Q+P_0V_0}$ 　　⑤ $\dfrac{Q+P_0V_0}{Q+2P_0V_0}$ 　　⑥ $\dfrac{Q+2P_0V_0}{Q+3P_0V_0}$

III 次の問い A（問1），B（問2），C（問3）に答えなさい。

A 次の図のように，波長 λ，振幅 A の正弦波が，速さ v で x 軸の正の向きに伝わっている。

図は時刻 $t = 0\,\mathrm{s}$ の各位置 x の変位 y を表すグラフである。

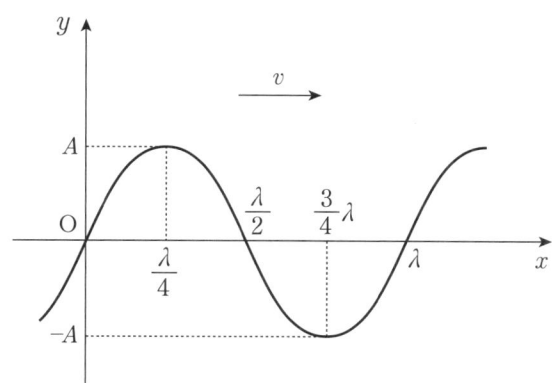

問1 時刻 t における $x = \dfrac{3}{8}\lambda$ での媒質の変位 y を表す式の中で最も適当なものを，次の①〜⑧の中から一つ選びなさい。　　10

① $A\sin 2\pi\left(\dfrac{vt}{\lambda} - \dfrac{3}{16}\right)$　　　　② $-A\sin 2\pi\left(\dfrac{vt}{\lambda} - \dfrac{3}{16}\right)$

③ $A\sin 2\pi\left(\dfrac{vt}{\lambda} - \dfrac{3}{8}\right)$　　　　④ $-A\sin 2\pi\left(\dfrac{vt}{\lambda} - \dfrac{3}{8}\right)$

⑤ $A\sin 2\pi\left(\dfrac{vt}{\lambda} + \dfrac{3}{16}\right)$　　　　⑥ $-A\sin 2\pi\left(\dfrac{vt}{\lambda} + \dfrac{3}{16}\right)$

⑦ $A\sin 2\pi\left(\dfrac{vt}{\lambda} + \dfrac{3}{8}\right)$　　　　⑧ $-A\sin 2\pi\left(\dfrac{vt}{\lambda} + \dfrac{3}{8}\right)$

第8回　実戦問題

B　次の図のように，点Oを中心に半径Rの円軌道上を速さvで時計回りに等速円運動をしている音源Sがある。音源Sは一定の振動数の音を出している。円軌道との最短距離がRのところPで聞こえる音の振動数を測定した。すると聞こえる音の振動数は周期的に変化することが分かった。

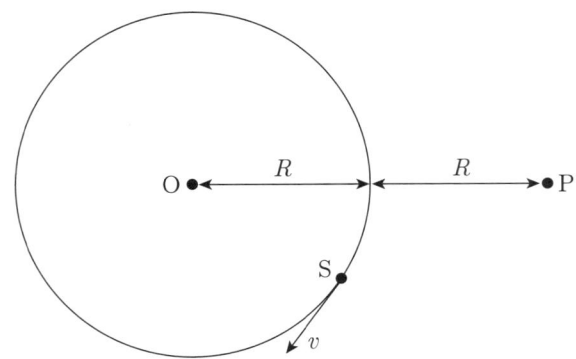

問2　最小振動数の音が聞こえる瞬間から最大振動数の音が聞こえるまでの時間はどのように表されるか。正しいものを，次の①〜⑥の中から一つ選びなさい。　11

① $\dfrac{\pi R}{3v}$　　② $\dfrac{2\pi R}{3v}$　　③ $\dfrac{4\pi R}{3v}$

④ $\dfrac{\pi R}{2v}$　　⑤ $\dfrac{3\pi R}{2v}$　　⑥ $\dfrac{2\pi R}{v}$

C 次の図のように,断面が正三角形のプリズムが水平に置かれている。プリズムの面AB に単色光をある入射角で入射させると光はプリズムの中をBCと平行した方向に進んだ。空気の屈折率を1とし,プリズムの屈折率を$\sqrt{2}$とする。

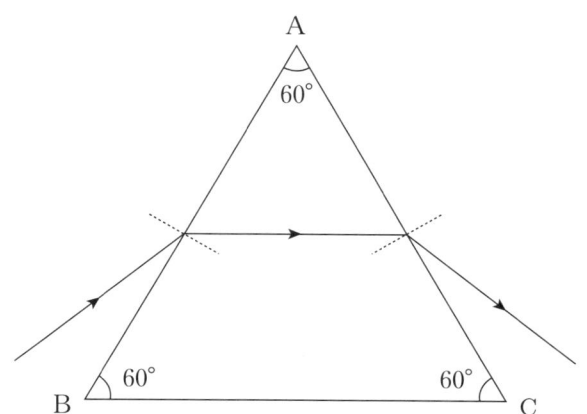

問3 面ABへの入射角と面ACへの入射角の組み合わせとして正しいものを,次の①～⑥の中から一つ選びなさい。 12

	①	②	③	④	⑤	⑥
面ABへの入射角	30°	45°	60°	45°	60°	60°
面ACへの入射角	30°	45°	60°	30°	45°	30°

第8回　実戦問題

IV

次の問い **A**（問1），**B**（問2），**C**（問3），**D**（問4），**E**（問5），**F**（問6）に答えなさい。

A 次の図のように，xy 平面状の点 $(-d, 0)$ と点 $(0, d)$ に，それぞれ電気量 $q\,(>0)$ と $-q$ をもった小球が固定されている。ただし，$d > 0$ とする。

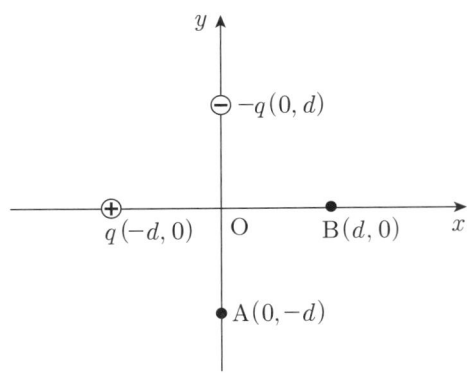

問1　点 $\mathrm{A}\,(0, -d)$ から点 $\mathrm{B}\,(d, 0)$ まで，電気量 $-q$ をもった別の小球をゆっくり移動させる。この時に必要な外力のする仕事と静電気力のする仕事はそれぞれどのように表されるか。正しい組み合わせを，次の①〜⑧の中から一つ選びなさい。　**13**

	外力のする仕事	静電気力のする仕事
①	$\dfrac{(1-\sqrt{2})}{2}k\dfrac{q^2}{d}$	$\dfrac{(1-\sqrt{2})}{2}k\dfrac{q^2}{d}$
②	$\dfrac{(1-\sqrt{2})}{2}k\dfrac{q^2}{d}$	$\dfrac{(\sqrt{2}-1)}{2}k\dfrac{q^2}{d}$
③	$\dfrac{(\sqrt{2}-1)}{2}k\dfrac{q^2}{d}$	$\dfrac{(\sqrt{2}-1)}{2}k\dfrac{q^2}{d}$
④	$\dfrac{(\sqrt{2}-1)}{2}k\dfrac{q^2}{d}$	$\dfrac{(1-\sqrt{2})}{2}k\dfrac{q^2}{d}$
⑤	$(1-\sqrt{2})k\dfrac{q^2}{d}$	$(1-\sqrt{2})k\dfrac{q^2}{d}$
⑥	$(1-\sqrt{2})k\dfrac{q^2}{d}$	$(\sqrt{2}-1)k\dfrac{q^2}{d}$
⑦	$(\sqrt{2}-1)k\dfrac{q^2}{d}$	$(\sqrt{2}-1)k\dfrac{q^2}{d}$
⑧	$(\sqrt{2}-1)k\dfrac{q^2}{d}$	$(1-\sqrt{2})k\dfrac{q^2}{d}$

B 次の図のように，真空中に，帯電していない面積の等しい4枚の金属板A，B，C，Dを平行に置き，起電力 V の電池を導線でつないだ。金属板AとBの間隔は $2d$ で，BとC，CとDの間隔は d である。ただし，金属板の厚さは無視でき，面積は十分大きいものとする。

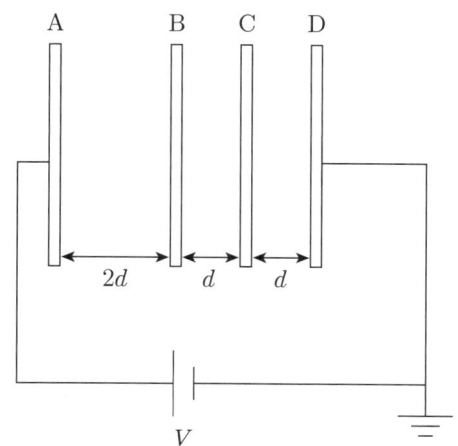

問2 BC間を金属板で満たし，じゅうぶん時間が経過した後，金属板Bの電位 V_B と金属板CD間の電場の大きさ E_{CD} はどのように表されるか。正しい組み合わせを，次の①〜⑥の中から一つ選びなさい。 **14**

	①	②	③	④	⑤	⑥
V_B	$\dfrac{V}{4}$	$\dfrac{V}{4}$	$\dfrac{V}{3}$	$\dfrac{V}{3}$	$\dfrac{V}{2}$	$\dfrac{V}{2}$
E_{CD}	$\dfrac{V}{4d}$	$\dfrac{V}{3d}$	$\dfrac{V}{4d}$	$\dfrac{V}{3d}$	$\dfrac{V}{4d}$	$\dfrac{V}{3d}$

第8回 実戦問題

C 次の図のように,電池,スイッチS,抵抗値が同じである2つの抵抗 R_1 と R_2,コンデンサーを接続した。最初,Sは開いていて,コンデンサーには電荷が蓄えられていなかった。Sを閉じてじゅうぶん時間が経過した後,コンデンサーに蓄えられるエネルギーを U_1 とし,抵抗 R_1 がそれまでに消費したエネルギーを U_2 とする。電池の内部抵抗は無視できるものとする。

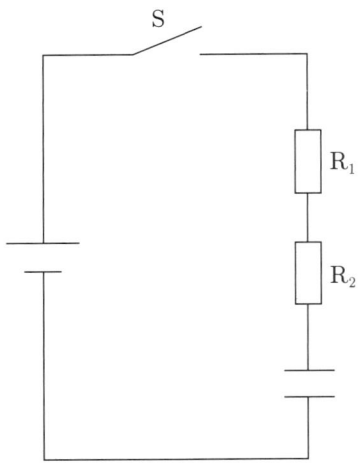

問3 $\dfrac{U_1}{U_2}$ はいくらか。正しいものを,次の①〜⑤の中から一つ選びなさい。 15

① 0   ② $\dfrac{1}{2}$ ③ 1   ④ 2   ⑤ 4

D 次の図のように，電気容量 C，$2C$，$3C$，$4C$ の4つのコンデンサー，抵抗と起電力 E の電池を接続した。図中の端子Bを基準とした端子Aの電位を V とする。

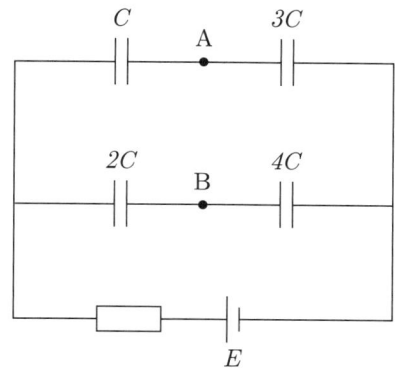

問4 $\dfrac{V}{E}$ はいくらか。正しいものを，次の①〜⑥から選びなさい。　|16|

① $\dfrac{1}{12}$　② $-\dfrac{1}{12}$　③ $\dfrac{1}{6}$　④ $-\dfrac{1}{6}$　⑤ $\dfrac{1}{4}$　⑥ $-\dfrac{1}{4}$

第8回 実戦問題

E 図1のように，長方形コイルABCDに図中の矢印の向きに電流Iが流れている。辺ABの長さはaで，辺BCの長さはbである。図2のように，このコイルを磁束密度Bの一様な磁場の中に入れ，辺BCと辺DAが磁場の向きに垂直で，辺DAと辺BCが磁場の向きとθをなすように保った。このときコイルに流れる電流に磁場から偶力がはたらく。OO'を軸にしてコイルを回転させ，θを変化させる。

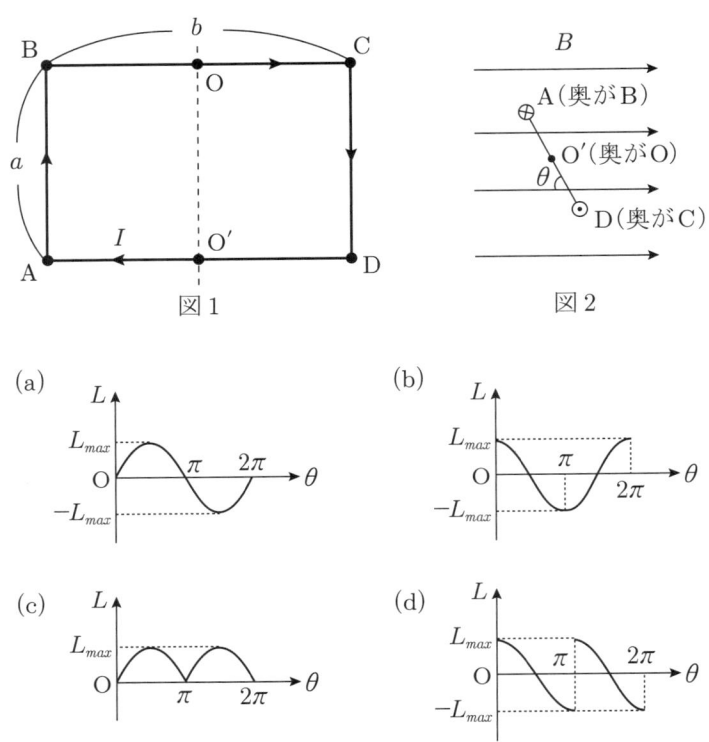

図1　　図2

問5　コイルに流れる電流に磁場からはたらく偶力のモーメントLの最大値L_{max}はどのように表されるか。また，Lは角度θによってどのように変化するか。正しい組み合わせを，次の①～⑧の中から一つ選びなさい。ただし，図2の中で反時計回りのモーメントを正とする。

17

	①	②	③	④	⑤	⑥	⑦	⑧
L_{max}	$IBab$	$IBab$	$IBab$	$IBab$	$\dfrac{IBab}{2}$	$\dfrac{IBab}{2}$	$\dfrac{IBab}{2}$	$\dfrac{IBab}{2}$
Lの変化	(a)	(b)	(c)	(d)	(a)	(b)	(c)	(d)

F 次の図のように，一様な磁場中にソレノイドを，ソレノイドの断面が磁場に垂直になるように置いた。磁場の向きは図1中の矢印の向きである。端子Pと端子Qの間に抵抗をつなぎ，この磁場の磁束密度の大きさB[T]を時間t[s]とともに図2のように変化させている間の，抵抗を流れる電流を測定した。

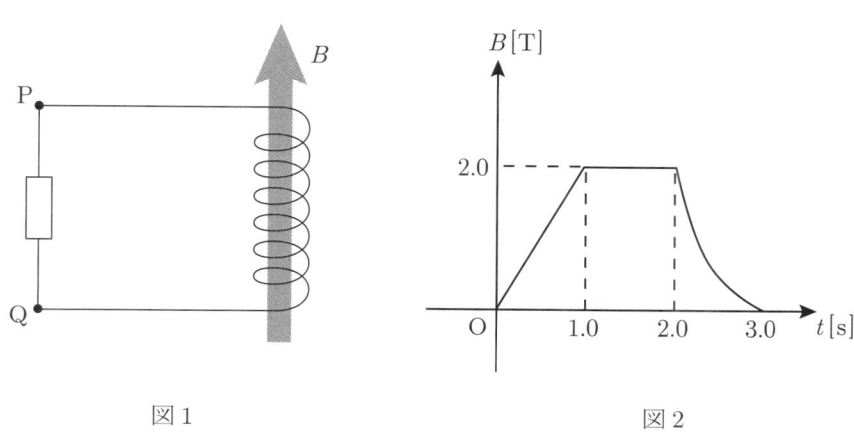

図1　　　　　図2

問6 P→抵抗→Qの向きに流れる電流を正とすると，抵抗を流れる電流を表すおおよそのグラフを，次の①〜⑧の中から一つ選びなさい。 **18**

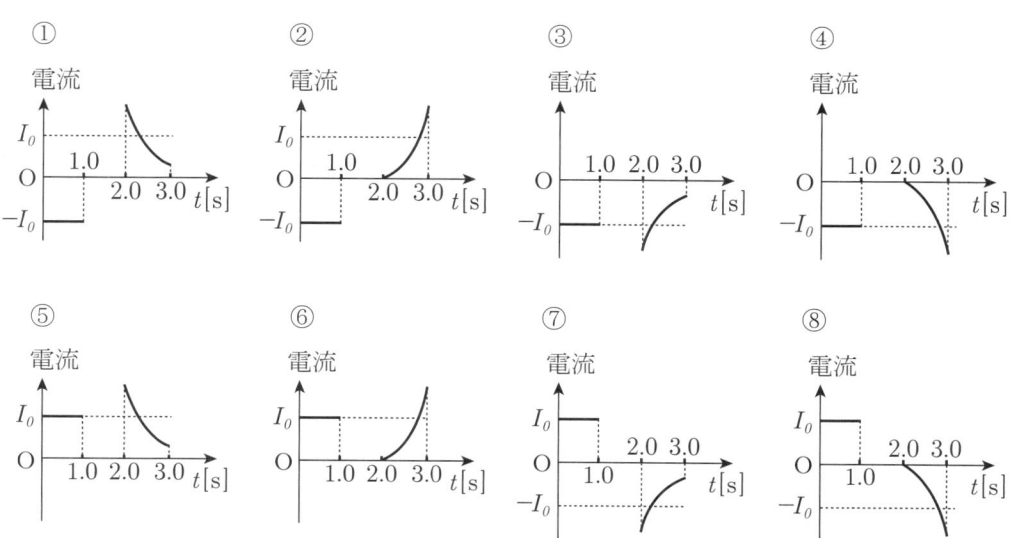

第8回　実戦問題

V 次の問い A（問1）に答えなさい。

A X線は波動性と粒子性をもつ。コンプトン効果はその粒子性を示す一例である。図のように，波長 λ の入射X線の光子が，静止した電子と衝突し，散乱する。散乱したX線の波長を λ' とすると，その光子のエネルギーは ａ ，運動量は ｂ である。入射X線のエネルギーの一部が電子に与えられるため，波長 λ' は波長 λ と比べて ｃ 。ただし，光の速さを c，プランク定数を h とする。

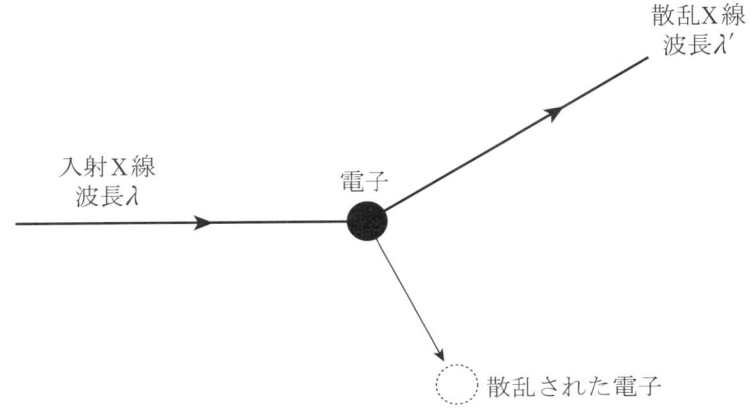

問1 上の文章で， ａ と ｂ に入る式はどうなるか。また， ｃ に入る語句は何か。正しい組み合わせを，次の①〜④の中から一つ選びなさい。　　19

	①	②	③	④
a	$\dfrac{h}{\lambda'}$	$\dfrac{hc}{\lambda'}$	$\dfrac{h}{\lambda'}$	$\dfrac{hc}{\lambda'}$
b	$\dfrac{hc}{\lambda'}$	$\dfrac{h}{\lambda'}$	$\dfrac{hc}{\lambda'}$	$\dfrac{h}{\lambda'}$
c	長い	長い	短い	短い

物理の問題はこれで終わりです。解答欄の **20** 〜 **75** はマークしないでください。
解答用紙の科目欄に「物理」が正しくマークしてあるか，もう一度確かめてください。

この問題冊子を持ち帰ることはできません。

第9回

実戦問題
解答時間 35分

正解と得点分布図確認

QRコードを読み取ってオンライン解答用紙に解答を記入し、正解と得点分布を確認してください。

物理

「解答科目」記入方法

解答科目には「物理」,「化学」,「生物」がありますので,この中から2科目を選んで解答してください。選んだ2科目のうち,1科目を解答用紙の表面に解答し,もう1科目を裏面に解答してください。

「物理」を解答する場合は,右のように,解答用紙にある「解答科目」の「物理」を○で囲み,その下のマーク欄をマークしてください。

科目が正しくマークされていないと,採点されません。

第9回　実戦問題

I 次の問い A (問1), B (問2), C (問3), D (問4), E (問5), F (問6) に答えなさい。
ただし，重力加速度の大きさを g とし，空気の抵抗は無視できるものとする。

A 次の図のように，軽い棒 AB を間にある点 O から糸でつるし，点 A と点 B にそれぞれ質量 m のおもり P と質量 M のおもり Q を糸でつるした。おもり P を板で支えたところ，棒は水平の状態でつり合って静止した。なお，AO の長さを l_1，OB の長さを l_2 とする。

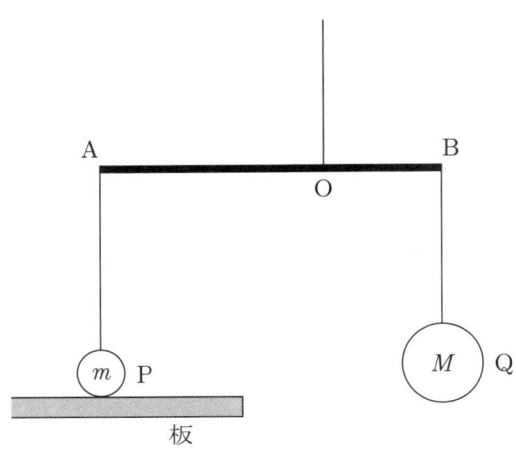

問1　この時，おもり P が板から受ける垂直抗力はどのように表されるか。正しいものを，次の①〜⑥の中から一つ選びなさい。　**1**

① $\dfrac{Ml_2}{l_1}g$　　　② $\dfrac{ml_1}{l_2}g$　　　③ $\left(\dfrac{ml_1-Ml_2}{l_1}\right)g$

④ $\left(\dfrac{Ml_1-ml_2}{l_2}\right)g$　　　⑤ $\left(\dfrac{Ml_2-ml_1}{l_1}\right)g$　　　⑥ $\left(\dfrac{ml_2-Ml_1}{l_2}\right)g$

B 次の図のように，水平面とのなす角が θ の粗い斜面の上に質量 m の物体を置いた。角度 θ は調整することができ，θ をある値 θ_0 より大きくすると，物体は斜面から滑り降りる。角度を θ_0 に固定し，斜面と平行な方向に力を物体に加える。

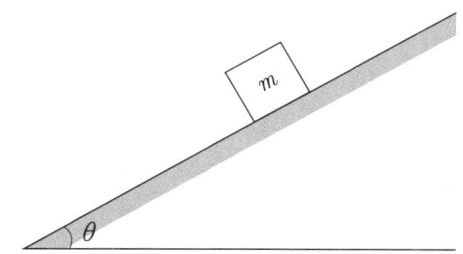

問2 物体が静止する状態で，加えられる力の最大値はどのように表されるか。正しいものを，次の①〜⑤の中から一つ選びなさい。　**2**

① 0　　② $mg\cos\theta_0$　　③ $2mg\cos\theta_0$　　④ $mg\sin\theta_0$　　⑤ $2mg\sin\theta_0$

第9回 実戦問題

C 図1のように，水平な床からの高さ H の位置から，水平方向とのなす角が下向き $30°$ の方向にある初速で小球を投げたところ，投げた位置からの水平距離が L の位置で水平な床に落ちた。

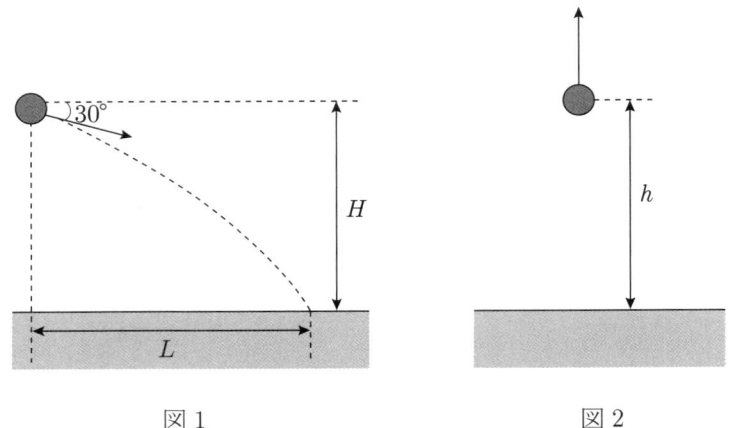

図1   図2

問3 同じ小球をもう1つ用意し，図2のように，水平な床からの高さ h の位置から，図1の小球と同じ初速で投げ上げる。小球が投げ出されてから床に落ちるまでの時間が図1と図2で同じである場合，高さ h はどのように表されるか。正しいものを，次の①〜⑥の中から一つ選びなさい。 **3**

① $H - \sqrt{3}\,L$　　② $\sqrt{3}\,L - H$　　③ $H + \sqrt{3}\,L$

④ $H - 3L$　　⑤ $3L - H$　　⑥ $H + 3L$

D 次の図のように，半径 r の円筒面となめらかにつながった斜面がある。円筒面の最下点 O からの高さが $2r$ の斜面上に質量 m の小球を置き，静かに手を離した。小球と斜面および円筒面との間の摩擦は無視できるものとする。

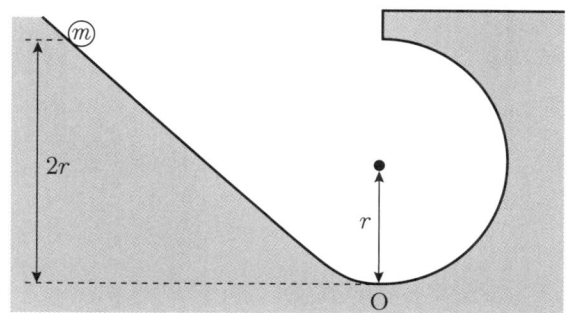

問 4 小球が円筒面から離れず到達できる最高点から点 O の鉛直距離はどのように表されるか。正しいものを，次の①～④の中から一つ選びなさい。　**4**

① $\dfrac{2}{3}r$　　② r　　③ $\dfrac{5}{3}r$　　④ $2r$

第9回　実戦問題

E 次の図のように，固定された鉛直の壁にはさまれたなめらかな水平面上に，質量$2m$の小球Bが静止している。これに質量mの小球Aが右向きにvの速さで衝突する。このあと，どちらの小球も壁にあたってはね返り，2回目の衝突をする。

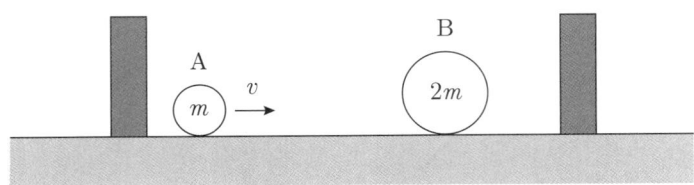

問5 2回目の衝突直後の小球AとBの速度v_Aとv_Bはそれぞれいくらか。ただし，小球と小球，小球と壁の衝突はいずれも弾性衝突とし，速度は右向きを正とする。正しい組み合わせを，次の①〜⑥の中から一つ選びなさい。　**5**

	①	②	③	④	⑤	⑥
v_A	$-v$	v	$-\dfrac{1}{2}v$	$\dfrac{1}{2}v$	$-\dfrac{1}{3}v$	$\dfrac{1}{3}v$
v_B	0	0	$\dfrac{1}{2}v$	$-\dfrac{1}{2}v$	$\dfrac{2}{3}v$	$-\dfrac{2}{3}v$

F 次の図のように，なめらかな水平面上にばね定数が k の軽いばねを置き，ばねの両端に質量 m の小物体 A と B を付けた。両手で A と B を引き，ばねの長さを自然長より長くして静止させ，同時に静かに両手をはなしたところ，A，B ともに同じ周期の単振動をした。

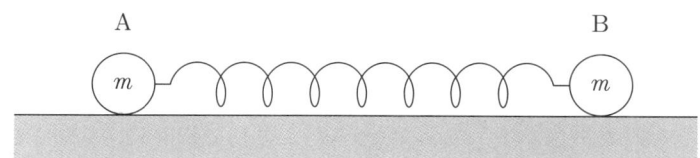

問 6　単振動の周期はどのように表されるか。正しいものを，次の①〜⑥の中から一つ選びなさい。　6

① $2\pi\sqrt{\dfrac{m}{k}}$　　② $2\pi\sqrt{\dfrac{m}{2k}}$　　③ $2\pi\sqrt{\dfrac{2m}{k}}$

④ $4\pi\sqrt{\dfrac{m}{k}}$　　⑤ $4\pi\sqrt{\dfrac{m}{2k}}$　　⑥ $4\pi\sqrt{\dfrac{2m}{k}}$

第9回 実戦問題

II 次の問い A（問1），B（問2），C（問3）に答えなさい。

A 20℃の水 200g に 80℃の鉄 800g を入れ，全体に 9600J の熱を加え，じゅうぶん時間がたつ。水の比熱を 4.2J/(g・K)，鉄の比熱を 0.45J/(g・K) とし，外部との熱の出入りはないものとする。

問1 全体の温度は何℃になるか。正しいものを，次の①～⑤の中から一つ選びなさい。 7

① 34   ② 38   ③ 46   ④ 54   ⑤ 58

B 次の図のように,シリンダー内に滑らかに動く質量の無視できる断面積 S のピストンを使って,単原子分子理想気体を閉じ込めた。最初,シリンダーの底面からピストンまでの距離は l_0 であり,理想気体の圧力が P_0,温度が T_0 であった。ピストンを固定し,ヒーターで気体を加熱したところ,気体の温度が上昇し,T_1 になった。その後,熱するのをやめて,ピストンをゆっくり動かし,圧力を P_0 に戻した。この時,シリンダーの底面からピストンまでの距離は l_1 になった。シリンダーとピストンは熱を通さないものとする。

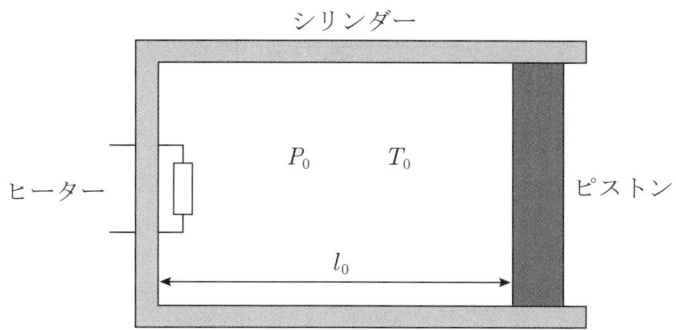

問 2 これまでに気体が外にした仕事の大きさはどのように表されるか。正しいものを,次の①〜⑥の中から一つ選びなさい。　**8**

① $\dfrac{3P_0 S}{2T_0}(l_0 T_1 - l_1 T_0)$　　② $\dfrac{3P_0 S}{2T_0}(l_1 T_1 - l_0 T_0)$　　③ $P_0 S(l_1 - l_0)$

④ $\dfrac{3P_0 S(l_1 - l_0)}{2}$　　⑤ $\dfrac{P_0 S l_0 T_1}{T_0}$　　⑥ $\dfrac{3P_0 S l_1}{2}$

第9回　実戦問題

C なめらかに動くピストンがついた容器に一定量の単原子分子理想気体を入れ，次の p-V 図のように気体の状態を A → B → C → A と変化させた。

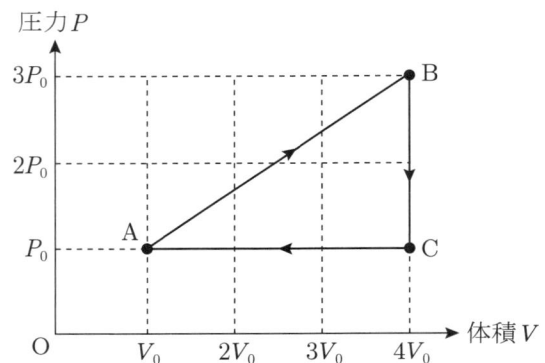

問3 この1サイクルの熱効率はいくらか。正しいものを，次の①〜⑤の中から一つ選びなさい。　**9**

① $\dfrac{1}{33}$　　② $\dfrac{1}{30}$　　③ $\dfrac{2}{45}$　　④ $\dfrac{1}{15}$　　⑤ $\dfrac{2}{15}$

III 次の問い A（問1），B（問2），C（問3）に答えなさい。

A 次の図のように，小さいすき間がある壁に向けて波長 λ の平面波を入射させ，壁の後方で波の回折現象が確認された。

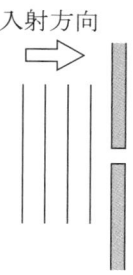

問1 回折した波の様子はどれか。またすき間の幅を変えず，波長を $\lambda'(>\lambda)$ にし，同様な実験を行ったとき，回折した波の様子はどのようになるか。正しい組み合わせを，次の①〜⑧の中から一つ選びなさい。　10

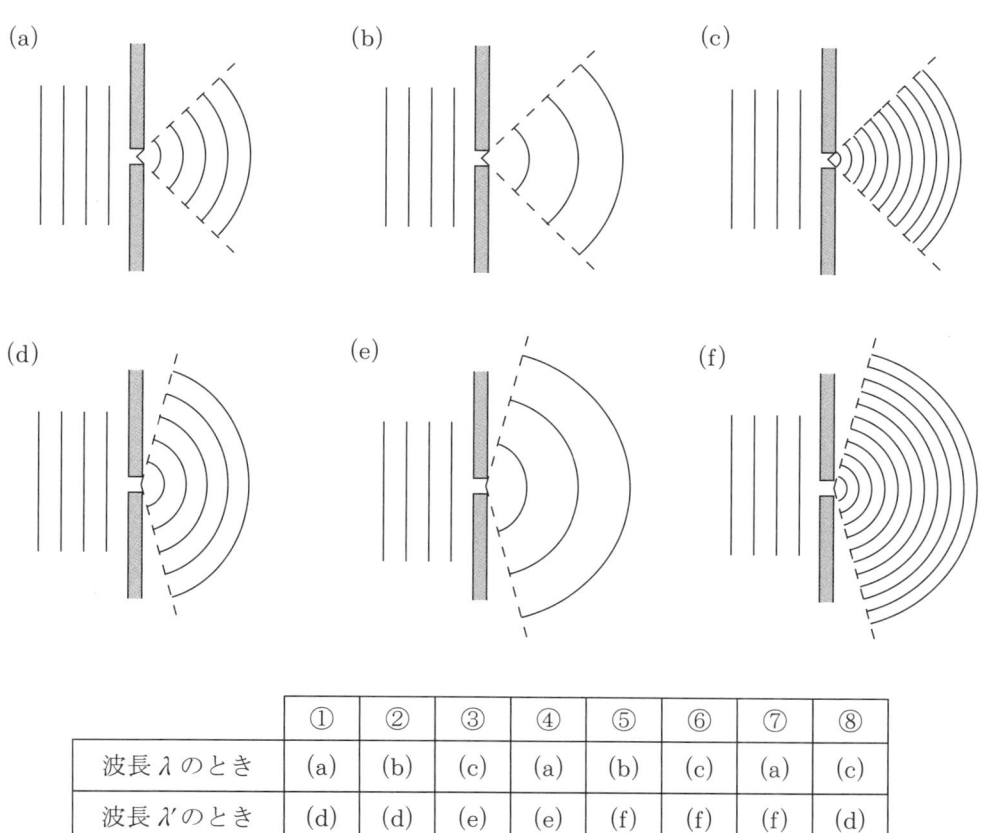

	①	②	③	④	⑤	⑥	⑦	⑧
波長 λ のとき	(a)	(b)	(c)	(a)	(b)	(c)	(a)	(c)
波長 λ' のとき	(d)	(d)	(e)	(e)	(f)	(f)	(f)	(d)

第9回 実戦問題

B 次の図のように，一定の張力で張った弦がある。支柱 P, Q の距離を L にし，弦の中央に支柱 O を設置した。弦 PO の中央をはじいて基本音を出し，弦 OQ の中央をはじいて2倍音を出したところ，うなりが聞こえた。

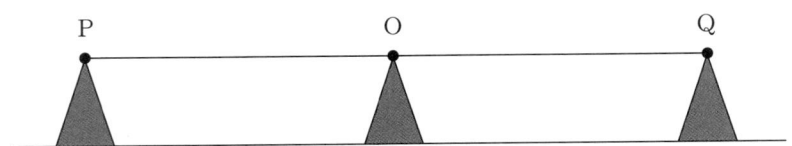

問2 支柱 O の位置を移動し，同様の実験を行ったところ，うなりが聞こえなくなった。支柱 O をどの方向に移動したか。また，支柱 O の移動距離を Δl とすると，$\dfrac{\Delta l}{L}$ はいくらか。正しい組み合わせを，次の①～⑥の中から一つ選びなさい。　**11**

	①	②	③	④	⑤	⑥
移動した方向	右	右	右	左	左	左
$\dfrac{\Delta l}{L}$	$\dfrac{1}{2}$	$\dfrac{1}{3}$	$\dfrac{1}{6}$	$\dfrac{1}{2}$	$\dfrac{1}{3}$	$\dfrac{1}{6}$

C 次の図のように，焦点距離が f の凹面鏡から距離 $a\,(<f)$ の位置に物体を置いたところ，凹面鏡から距離 b の位置に虚像が見えた。

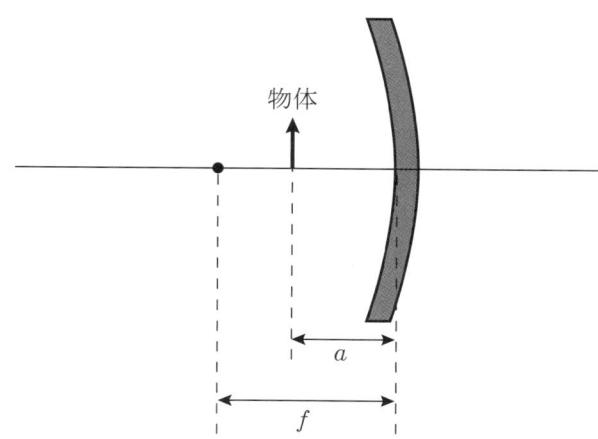

問3 物体を凹面鏡に近づける（a を小さくする）と，凹面鏡から虚像までの距離 b，および虚像の大きさはどう変化するか。正しい組み合わせを，次の①～④の中から一つ選びなさい。

	①	②	③	④
b	大きくなる	大きくなる	小さくなる	小さくなる
虚像の大きさ	大きくなる	小さくなる	大きくなる	小さくなる

第9回 実戦問題

IV 次の問い A（問1），B（問2），C（問3），D（問4），E（問5），F（問6）に答えなさい。

A 次の図のように，箔検電器がある。検電器を正に帯電させて，箔Oを開かせておく。接地している金属板Qを，箔検電器の金属板Pの真上から平行になるようにして近づける。

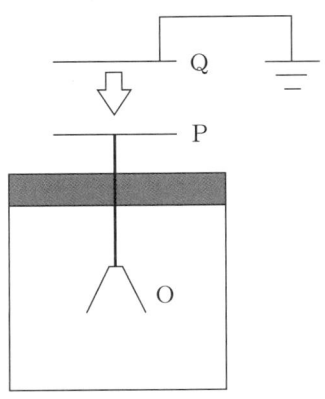

問1 Oの開きはどうなるか。また，O，P，Qの電位をそれぞれ V_O，V_P，V_Q とすると，その大小関係はどうなるか。正しい組み合わせを，次の①〜⑥の中から一つ選びなさい。

13

	Oの開き	電位の大小関係
①	大きくなる	$V_O = V_P > V_Q$
②	大きくなる	$V_O = V_P < V_Q$
③	大きくなる	$V_O > V_P > V_Q$
④	小さくなる	$V_O = V_P > V_Q$
⑤	小さくなる	$V_O = V_P < V_Q$
⑥	小さくなる	$V_O > V_P > V_Q$

B 次の図のように，極板間の距離がdの平行板コンデンサーを，起電力Vの電池とスイッチSにつないで充電した。充電が終わった後，図1のようにSを開いてから，極板間の距離を$\dfrac{d}{2}$まで縮める場合，この間に外力のする仕事の大きさをW_1とする。また，充電が終わった後，図2のようにSを閉じたまま，極板間の距離を$\dfrac{d}{2}$まで縮める場合，この間に外力のする仕事の大きさをW_2とする。

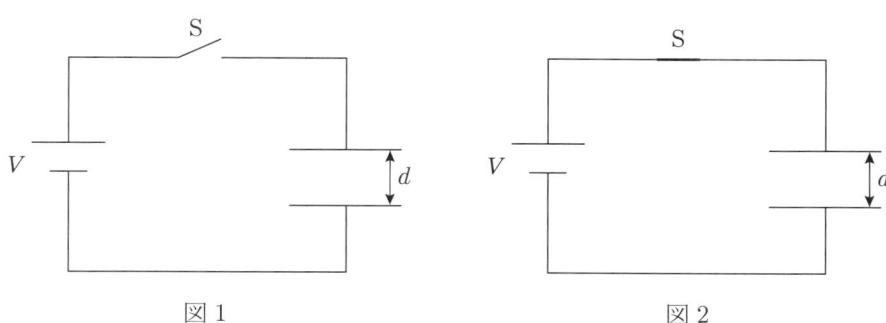

図1　　　　　　　　　　　　図2

問2　$\dfrac{W_1}{W_2}$はいくらか。正しいものを，次の①～⑧の中から一つ選びなさい。　14

① 1　　　② $\dfrac{3}{2}$　　　③ 2　　　④ 3

⑤ $\dfrac{2}{3}$　　　⑥ $\dfrac{1}{3}$　　　⑦ $\dfrac{1}{2}$　　　⑧ $\dfrac{1}{6}$

第9回　実戦問題

C 次の図のように，起電力 E と 50V の電池，抵抗値 0.5Ω と 2.5Ω の電気抵抗，ダイオードで回路を作った。ダイオードに矢印の向きに電流 I が流れるとき，その抵抗が 0 であり，矢印と逆向きのときは抵抗が無限大である。なお，電池の内部抵抗は無視できるものとする。

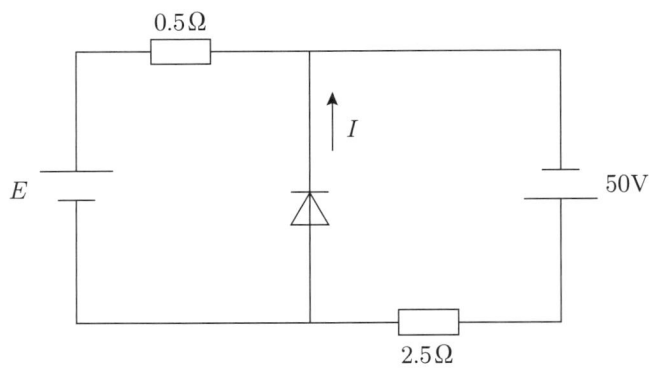

問3　E を 0V から増加させ，何 V になったときに，I が流れなくなるのか。正しいものを，次の①〜④の中から一つ選びなさい。　　15

① 5　　② 10　　③ 15　　④ 20

D 次の図のように，じゅうぶんに長い3本の直線導線 L_1, L_2, L_3 が同一平面内に等しい間隔 d で平行に置かれている。L_1, L_2 には上向きの同じ大きさの電流が流れている。L_3 にもある向きにある大きさの電流が流れている。このとき，L_1 には単位長さあたり大きさ F の力が右向きにはたらき，L_3 には単位長さあたり大きさ $2F$ の力が右向きにはたらいていた。

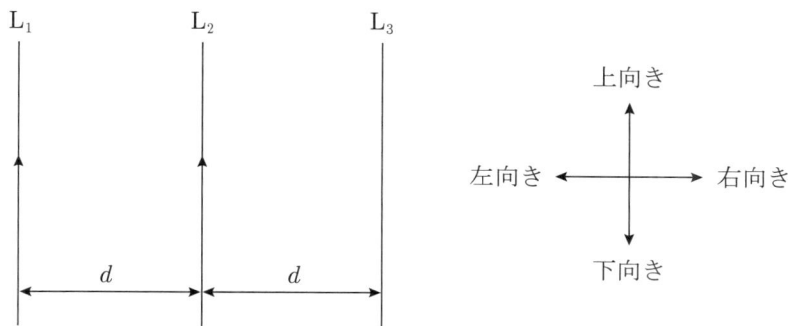

問4 L_3 に流れる電流の向きはどうなるか。また L_3 に流れる電流の大きさは L_1 の何倍か。正しい組み合わせを，次の①〜⑥から選びなさい。 16

	電流の向き	電流の大きさ
①	上向き	$\frac{2}{5}$ 倍
②	上向き	$\frac{4}{5}$ 倍
③	上向き	$\frac{6}{5}$ 倍
④	下向き	$\frac{2}{5}$ 倍
⑤	下向き	$\frac{4}{5}$ 倍
⑥	下向き	$\frac{6}{5}$ 倍

第9回 実戦問題

E 次の図のように，電位差 V の電極間で，質量と正の電荷をもつ初速 0 の荷電粒子を加速して，同じ電極とつながっている平行極板間を通過させる。極板間隔は d であり，極板間の領域には紙面に垂直で，表から裏向きの磁束密度の大きさが B の磁場にかかっている。荷電粒子は電極から出た後，向きを変えず一定の速さ v で直進した。

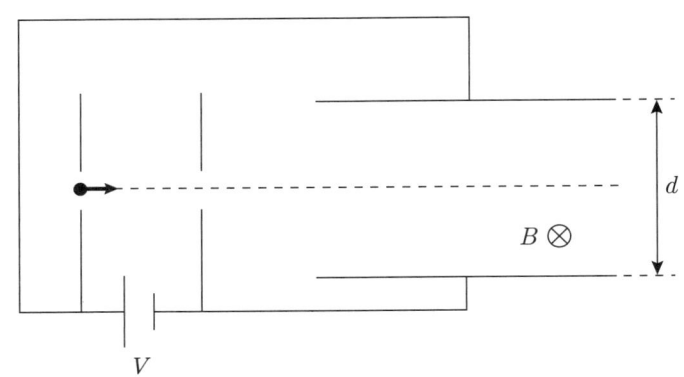

問5 v はどのように表されるか。また，電位差を $2V$ にし，荷電粒子が直進して平行極板間を通過するためには，磁束密度の大きさはどのように表されるか。正しい組み合わせを，次の①～⑥の中から一つ選びなさい。　17

	v	磁束密度の大きさ
①	$\dfrac{V}{Bd}$	$\dfrac{\sqrt{2}}{2}B$
②	$\dfrac{V}{Bd}$	$\sqrt{2}B$
③	$\dfrac{V}{Bd}$	$2B$
④	$\dfrac{Bd}{V}$	$\dfrac{\sqrt{2}}{2}B$
⑤	$\dfrac{Bd}{V}$	$\sqrt{2}B$
⑥	$\dfrac{Bd}{V}$	$2B$

F 次の図のように，起電力 E の電池，抵抗値 R_1 と R_2 の電気抵抗，自己インダクタンス L のコイルとスイッチ S で回路を作った。S を閉じ，じゅうぶん時間が経過した後，S を開いた。電池とコイルの内部抵抗は無視できるものとする。

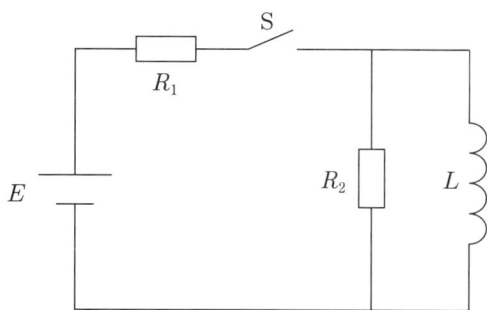

問 6 S を開いてからじゅうぶん時間が経過する間に，抵抗 R_2 で発生するジュール熱 Q はどのように表されるか。次の①〜⑤の中から一つ選びなさい。 **18**

① 0　　② $\dfrac{E^2}{R_1}$　　③ $\dfrac{E^2}{R_2}$　　④ $\dfrac{LE^2}{2R_1^2}$　　⑤ $\dfrac{LE^2}{2R_2^2}$

第9回 実戦問題

V 次の問い A (問1) に答えなさい。

A クォークは単独の粒子として発見されず、多くの場合は複合粒子として発見されている。複合粒子の一種としてメソンと呼ばれる粒子が存在し、これはクォークと反クォークにより構成されるものである。メソンの例として、π中間子があり、それにはまたπ^+, π^-, π^0がある。例えば、π^+は1つのアップクォークuと1つの反ダウンクォーク$\bar{d}$で構成され、π^-は1つの反アップクォーク$\bar{u}$と1つのダウンクォークdで構成される。電気素量をeとする。

問1 $\bar{d}$のもつ電荷はどのように表されるか。正しいものを、次の①〜⑥の中から一つ選びなさい。 **19**

① e　　② $\dfrac{2}{3}e$　　③ $\dfrac{1}{3}e$　　④ $-\dfrac{1}{3}e$　　⑤ $-\dfrac{2}{3}e$　　⑥ $-e$

物理の問題はこれで終わりです。解答欄の **20** 〜 **75** はマークしないでください。
解答用紙の科目欄に「物理」が正しくマークしてあるか、もう一度確かめてください。

この問題冊子を持ち帰ることはできません。

第10回

実戦問題
解答時間 35分

正解と得点分布図確認

QRコードを読み取ってオンライン解答用紙に解答を記入し、正解と得点分布を確認してください。

物理

「解答科目」記入方法

解答科目には「物理」,「化学」,「生物」がありますので，この中から2科目を選んで解答してください。選んだ2科目のうち，1科目を解答用紙の表面に解答し，もう1科目を裏面に解答してください。

「物理」を解答する場合は，右のように，解答用紙にある「解答科目」の「物理」を○で囲み，その下のマーク欄をマークしてください。

科目が正しくマークされていないと，採点されません。

第10回 実戦問題

I 次の問い A（問1），B（問2），C（問3），D（問4），E（問5），F（問6）に答えなさい。
ただし，重力加速度の大きさを g とし，空気の抵抗は無視できるものとする。

A 次の図のように，摩擦のある水平面上に物体を置き，側面中央に糸をつけ，張力 T で水平右向きに引っ張る。物体の質量を M，高さを a，幅を b とする。

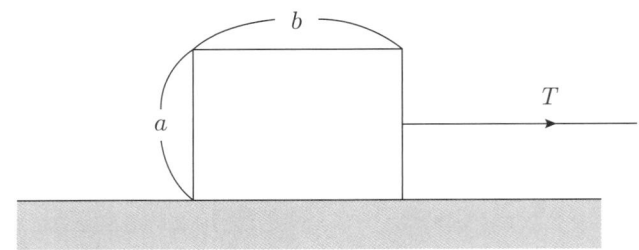

問1 物体が静止している時，物体にはたらく重力と垂直抗力による偶力のモーメントの大きさはどのように表されるか。正しいものを，次の①〜⑤の中から一つ選びなさい。 **1**

① 0 ② $\dfrac{aT}{2}$ ③ $\dfrac{bMg}{2}$ ④ $\dfrac{bT}{2}$ ⑤ $\dfrac{aMg}{2}$

B 静止していた車が時刻 $t=0\,\mathrm{s}$ に原点 O から動き始め，直線の道路上を運動した。次の図は，車の速度 $v\,[\mathrm{m/s}]$ と時刻 $t\,[\mathrm{s}]$ の関係を示したグラフである。

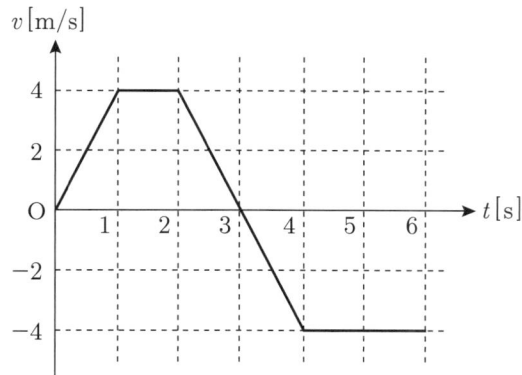

問2 車が原点にもどってくる時刻は動き始めて何 s 後か。最も妥当な値を，次の①〜⑥の中から一つ選びなさい。　**2**

① 3　　② 3.5　　③ 4　　④ 4.5　　⑤ 5　　⑥ 5.5

C 次の図のように，自然長が l_0，ばね定数がそれぞれ k_1, k_2 のばねを左右につなげた質量 M のおもりがあり，それぞれのばねの他端は長さ L の表面がなめらかな板の両端に固定されてある。L は $2l_0$ より長いものとし，ばねは常に自然長より長いものとする。おもりの大きさは無視できるものとする。板と水平面がなす角 $\theta = 0$ の時のおもりのつり合いの位置を O とする。

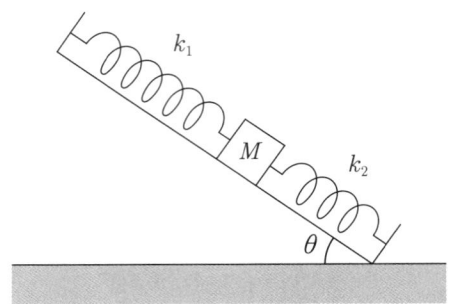

問3 この時，ばね定数が k_1 のばねの伸び x_1 はどのように表されるか。また，板を水平面から角度 θ (<90°) にする時，位置 O からのつり合い位置の変化 Δx はどのように表されるか。正しい組み合わせを，次の①〜⑧の中から一つ選びなさい。　3

	伸び x_1	つり合い位置の変化 Δx
①	$\dfrac{k_1}{k_2}(L-2l_0)$	$\dfrac{mg\sin\theta}{k_1+k_2}$
②	$\dfrac{k_1}{k_2}(L-2l_0)$	$\dfrac{mg\sin\theta}{k_1-k_2}$
③	$\dfrac{k_2}{k_1}(L-2l_0)$	$\dfrac{mg\sin\theta}{k_1+k_2}$
④	$\dfrac{k_2}{k_1}(L-2l_0)$	$\dfrac{mg\sin\theta}{k_1-k_2}$
⑤	$\dfrac{k_1}{k_1+k_2}(L-2l_0)$	$\dfrac{mg\sin\theta}{k_1+k_2}$
⑥	$\dfrac{k_1}{k_1+k_2}(L-2l_0)$	$\dfrac{mg\sin\theta}{k_1-k_2}$
⑦	$\dfrac{k_2}{k_1+k_2}(L-2l_0)$	$\dfrac{mg\sin\theta}{k_1+k_2}$
⑧	$\dfrac{k_2}{k_1+k_2}(L-2l_0)$	$\dfrac{mg\sin\theta}{k_1-k_2}$

D 次の図のように，まっすぐな細い棒 PQ が水平面から角度 θ で自由に回転する鉛直な細い棒 OP に接続されている。棒 OP と PQ は同じ角速度 ω で回転している。質量 m の小さいリングを棒 PQ に通し，リングが棒に沿って自由に動けるようにした。棒とリングの間に摩擦がはたらくものとし，静止摩擦係数を μ とする。

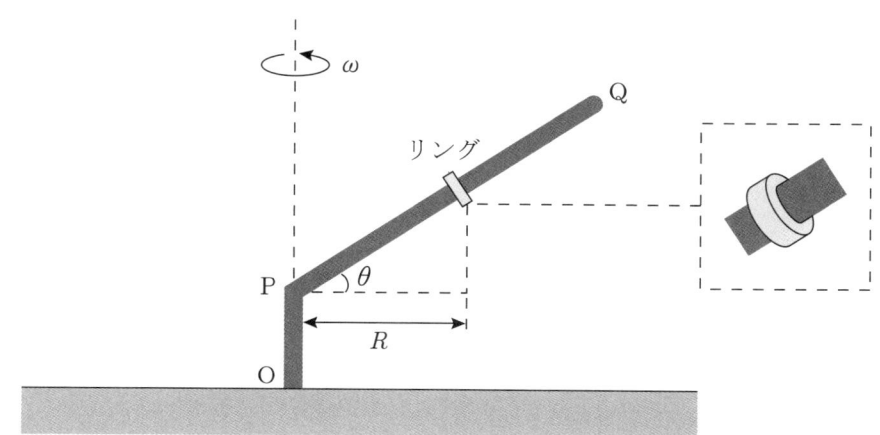

問4 リングの棒に対する位置が変化しない時，R が満たすべき条件の最小値はどのように表されるか。正しいものを，次の①～⑥の中から一つ選びなさい。　　**4**

① $\dfrac{g}{\omega^2}\left(\dfrac{\sin\theta+\mu\cos\theta}{\cos\theta+\mu\sin\theta}\right)$　　② $\dfrac{g}{\omega^2}\left(\dfrac{\sin\theta-\mu\cos\theta}{\cos\theta+\mu\sin\theta}\right)$　　③ $\dfrac{g}{\omega^2}\left(\dfrac{\sin\theta+\mu\cos\theta}{\cos\theta-\mu\sin\theta}\right)$

④ $\dfrac{g}{\omega^2}\left(\dfrac{\sin\theta-\mu\cos\theta}{\cos\theta-\mu\sin\theta}\right)$　　⑤ $\dfrac{g}{\omega^2}\dfrac{\cos\theta}{\mu\sin\theta}$　　⑥ $\dfrac{g}{\omega^2}\dfrac{\mu\sin\theta}{\cos\theta}$

第10回 実戦問題

E 次の図のように，断面をもつ質量 $2m$ の台がなめらかな水平面上に静止している。台の上面は底面から高さ h の水平面であり，右曲面はなめらかである。台から離れた位置に垂直に固定された壁がある。台の上面に質量 m の小球を置き，静かに曲面からすべり落ち，壁に弾性衝突した。

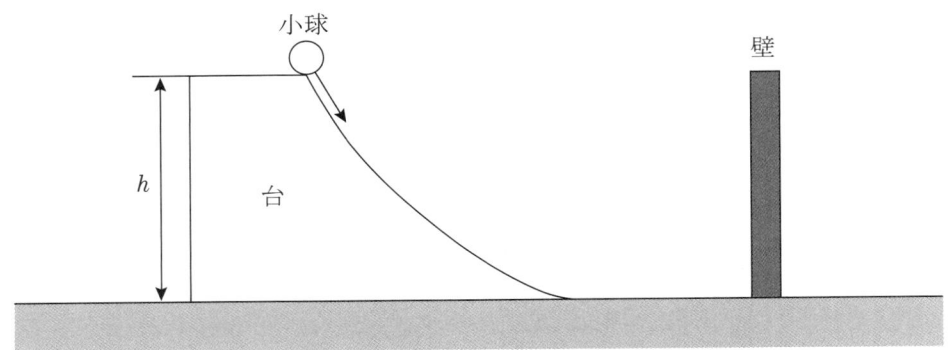

問5 はね返ってきた小球が再び台の曲面からのぼり，到達できる最高点の高さを h' とすると，$\dfrac{h'}{h}$ はいくらか。正しいものを，次の①〜⑥の中から一つ選びなさい。　5

① 1　　② $\dfrac{1}{2}$　　③ $\dfrac{1}{3}$　　④ $\dfrac{1}{4}$　　⑤ $\dfrac{1}{6}$　　⑥ $\dfrac{1}{9}$

F 次の図のように，ばねにおもりを付けて天井からつるす。おもりをつり合いの位置から下に距離 h_1 だけ引き，静かに手をはなし鉛直方向に単振動させるときの周期を T_1 とする。この場合，振動中のおもりがつり合い位置を通過するときの速度を v_1 とする。おもりの質量を変えて，つり合いの位置から下に距離 h_2 だけ引き，同じように単振動させるときの周期を T_2 とする。この場合，振動中のおもりがつり合い位置を通過するときの速度を v_2 とする。

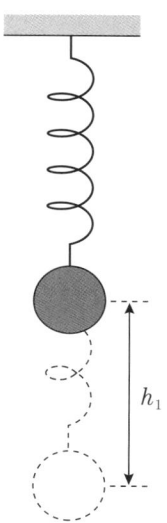

問 6　$\dfrac{v_1}{v_2}$ はどのように表されるか。正しいものを，次の①〜⑧の中から一つ選びなさい。　**6**

① $\dfrac{h_1}{h_2}$　　② $\dfrac{h_2}{h_1}$　　③ $\dfrac{T_1}{T_2}$　　④ $\dfrac{T_2}{T_1}$

⑤ $\dfrac{h_1 T_1}{h_2 T_2}$　　⑥ $\dfrac{h_2 T_2}{h_1 T_1}$　　⑦ $\dfrac{h_1 T_2}{h_2 T_1}$　　⑧ $\dfrac{h_2 T_1}{h_1 T_2}$

第10回 実戦問題

II 次の問い A(問1), B(問2), C(問3)に答えなさい。

A 30℃の水 300g に -5℃の氷 100g を入れ,じゅうぶん時間がたった。水の比熱を 4.2J/(g・K),氷の比熱 2.1J/(g・K),氷の融解熱を 3.3×10^2 とし,外部との熱の出入りはないものとする。

問1 全体の温度は何℃になるか。正しいものを,次の①～⑤の中から一つ選びなさい。 **7**

① -2.2   ② -1.1   ③ 0   ④ 1.1   ⑤ 2.2

B 次の図のように，理想気体の入った体積 V の容器 A と，同じ理想気体の入った体積 $4V$ の容器 B が，体積の無視できる細管でつながれている。細管にはコックがあり，最初コックは閉じられていた。A 内の気体の圧力は P_A，絶対温度は T_0 であり，B 内の気体の絶対温度は $2T_0$ であった。A 内には N 個の気体分子が，B 内には $2N$ 個の気体分子がそれぞれ入っている。A 内の気体分子の 2 乗平均速度を $\sqrt{\overline{v_A^2}}$ とする。コックを開いて 2 つの容器に入っている気体が熱平衡状態になるまで混合させた。混合後の A 内の気体の圧力を P，気体分子の 2 乗平均速度を $\sqrt{\overline{v^2}}$ とする。容器，細管とコックは熱を通さないものとする。

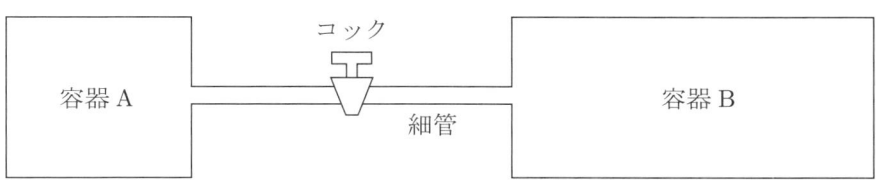

問 2 $\dfrac{P}{P_A}$ と $\sqrt{\dfrac{\overline{v^2}}{\overline{v_A^2}}}$ はどのように表されるか。正しい組み合わせを，次の ①〜⑥ の中から一つ選びなさい。　**8**

	①	②	③	④	⑤	⑥
$\dfrac{P}{P_A}$	$\dfrac{9}{25}$	$\dfrac{9}{25}$	$\dfrac{3}{5}$	$\dfrac{3}{5}$	1	1
$\sqrt{\dfrac{\overline{v^2}}{\overline{v_A^2}}}$	$\sqrt{\dfrac{3}{5}}$	$\sqrt{\dfrac{5}{3}}$	$\sqrt{\dfrac{3}{5}}$	$\sqrt{\dfrac{5}{3}}$	$\sqrt{\dfrac{3}{5}}$	$\sqrt{\dfrac{5}{3}}$

第10回　実戦問題

C 単原子分子理想気体をシリンダーの中に入れ，その状態を次の p-V 図のように，状態 $A \to B \to C \to A$ のサイクルで変化させた。$A \to B$ は定積変化，$B \to C$ は断熱変化，$C \to A$ は定圧変化である。また，状態 A，B，C の絶対温度をそれぞれ T_A，T_B，T_C とし，比熱比を γ とする。

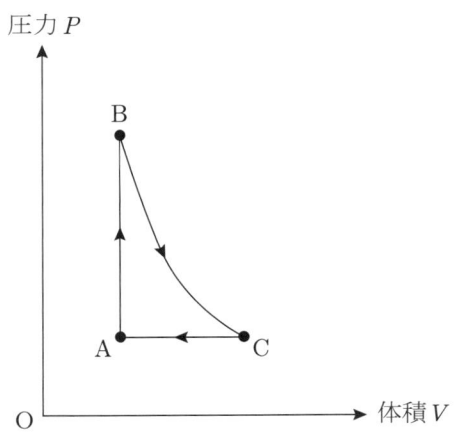

問 3　この 1 サイクルの熱効率はどのように表されるか。正しいものを，次の①〜⑥の中から一つ選びなさい。　**9**

①　$\dfrac{T_A - T_C}{\gamma(T_A - T_B)} + 1$ 　　　②　$\dfrac{T_A - T_C}{\gamma(T_B - T_A)} + 1$ 　　　③　$\dfrac{T_A - T_C}{\gamma(T_B - T_A)} - 1$

④　$\dfrac{\gamma(T_A - T_C)}{T_A - T_B} + 1$ 　　　⑤　$\dfrac{\gamma(T_A - T_C)}{T_B - T_A} + 1$ 　　　⑥　$\dfrac{\gamma(T_A - T_C)}{T_B - T_A} - 1$

III

次の問い A（問1），B（問2），C（問3）に答えなさい。

A 次の図は媒質中を伝わる縦波の波形を示す。横軸は媒質中の点の位置座標を示し，縦軸は媒質の変位を示す。

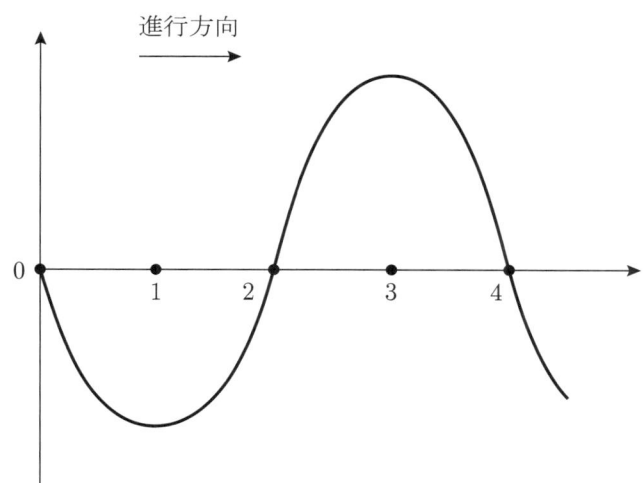

問1 次の質問（A），（B），（C）の答えとして，正しい組み合わせを，次の①〜⑥の中から一つ選びなさい。　10

(A) 媒質が最も密になっている点
(B) 媒質の左向きの速度が最大の点
(C) 媒質の速度が0の点

	①	②	③	④	⑤	⑥
(A)	2	2	2	0, 4	0, 4	0, 4
(B)	2	2	0, 4	2	2	0, 4
(C)	0, 2, 4	1, 3	1, 3	0, 2, 4	1, 3	1, 3

第10回 実戦問題

B 次の図のように,弦の一端をおんさに取り付け,他端を質量 m のおもりに取り付けて,弦を定滑車にかける。おんさを振動させると,弦が基本振動し,振動する部分の弦の長さ PQ は l であった。

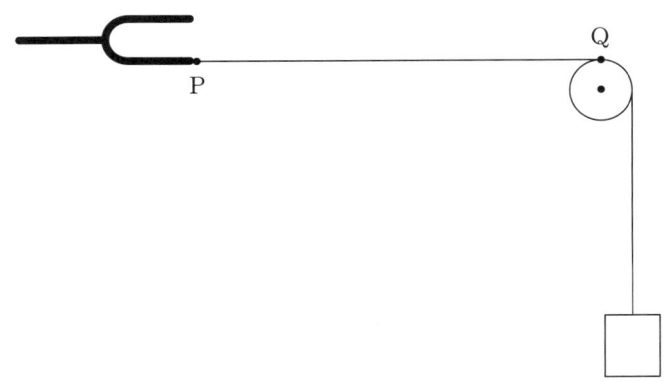

問2 質量 $4m$ のおもりに変え,同じおんさを振動させたとき,弦が共振して3個の腹をもつ定常波ができるためには,振動する部分の弦の長さ PQ を l の何倍にすればよいか。正しいものを,次の①〜⑥の中から一つ選びなさい。 11

① $\dfrac{2}{3}$ ② 1   ③ $\dfrac{3}{2}$ ④ 2   ⑤ 3   ⑥ 6

C 次の図のように，空気中で，平面ガラスの上に半径 R の球面をもつ平凸レンズを置く。レンズは中心の位置でガラス板と接触していて，レンズの平面はガラス板の平面と平行になっている。波長 λ の単色光を真上から当てたところ，真上から見たときに明暗の線が同心円状に交互に見え，レンズの中心線からの距離 r の円周上の位置に 2 つ目の明線が見えた。その位置でのレンズとガラス板の間の空気層の厚みは半径 R よりじゅうぶん小さいものとする。

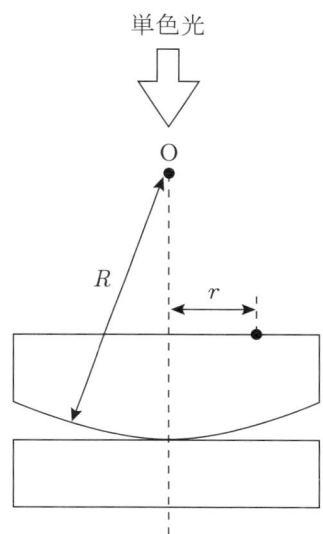

問3 半径 R はどのように表されるか。正しいものを，次の①〜⑥の中から一つ選びなさい。 **12**

① $\dfrac{3r^2}{2\lambda}$　② $\dfrac{2r^2}{3\lambda}$　③ $\dfrac{r^2}{2\lambda}$　④ $\dfrac{r^2}{3\lambda}$　⑤ $\dfrac{3\lambda}{2r^2}$　⑥ $\dfrac{3\lambda}{r^2}$

第10回　実戦問題

IV　次の問い A（問1），B（問2），C（問3），D（問4），E（問5），F（問6）に答えなさい。

A　次の図のように，一様な電場中の破線の位置に円柱状の誘電体を置く。

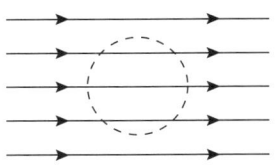

問1　誘電体を置いた後，この誘電体の外部および内部の電気力線はどうなるか。最も適当なものを，次の①～⑥の中から一つ選びなさい。　**13**

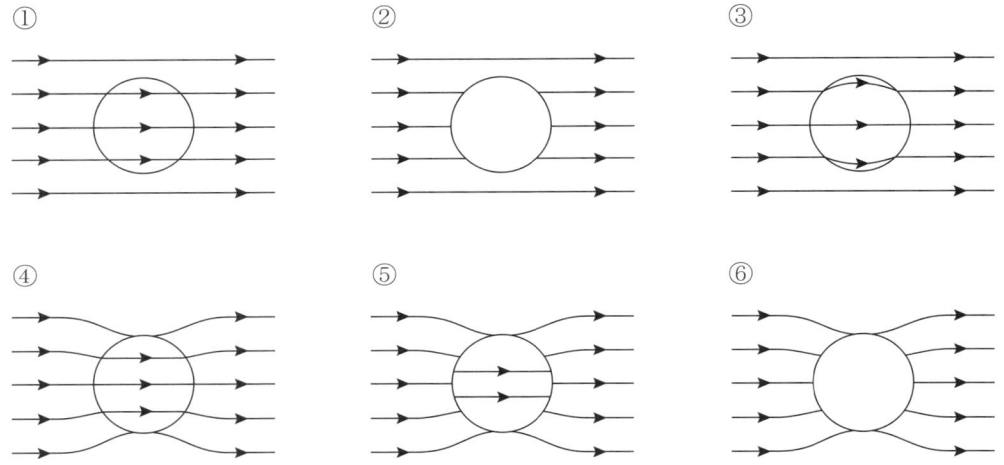

― 226 ―

B 次の図のように，電気容量 C の平行板コンデンサーを，起電力 V の電池とスイッチ S につないで充電した。充電が終わった後，S を閉じたまま，極板間隔の $\frac{1}{2}$ の厚みをもつ金属板をゆっくりと完全に挿入する。

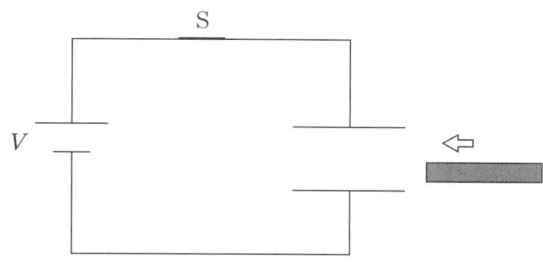

問2 この間に外力のする仕事はどのように表されるか。正しいものを，次の①～⑥の中から一つ選びなさい。　14

① CV^2　　② $\frac{1}{2}CV^2$　　③ $\frac{1}{4}CV^2$

④ $-CV^2$　　⑤ $-\frac{1}{2}CV^2$　　⑥ $-\frac{1}{4}CV^2$

第10回　実戦問題

C　電圧と電流の関係が図1のグラフで示される半導体の抵抗 R がある。この R と抵抗値 200Ω の電気抵抗と起電力 25V で内部抵抗の無視できる電池を使って，図2の回路を作った。

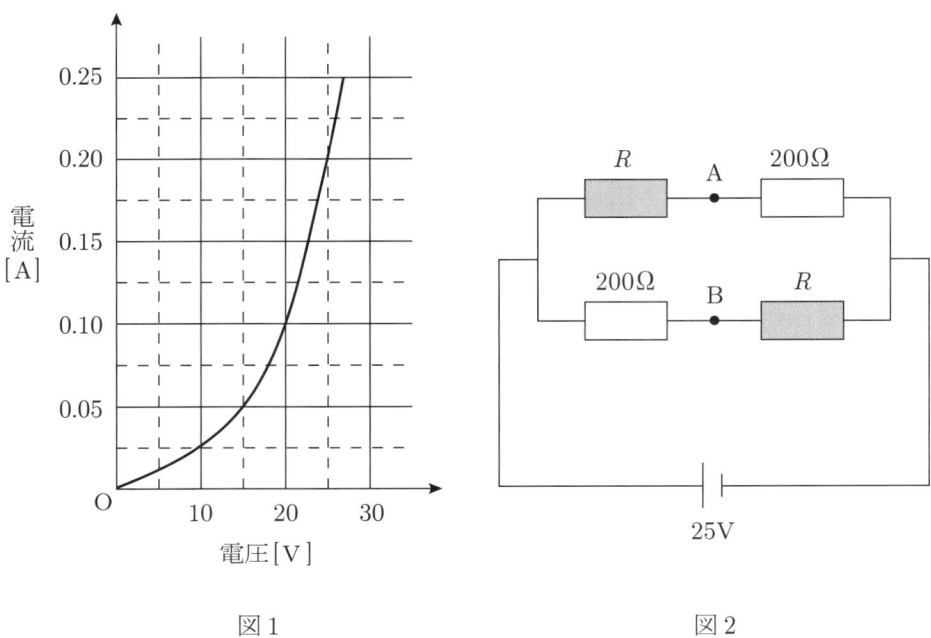

図1　　　　　　　　　　　　　図2

問3　AB間の電位差はいくらか。正しいものを，次の①～④の中から一つ選びなさい。

15 V

①　5　　②　10　　③　15　　④　20

D 次の図のように，一辺が r の正三角形の頂点を通る導線 A，B，C にそれぞれ大きさが I の電流が流れている。3本の導線それぞれは三角形の平面に対して垂直である。A と C に流れる電流の向きは紙面の裏から表の向き，B については紙面の表から裏の向きである。空間の透磁率を μ とする。

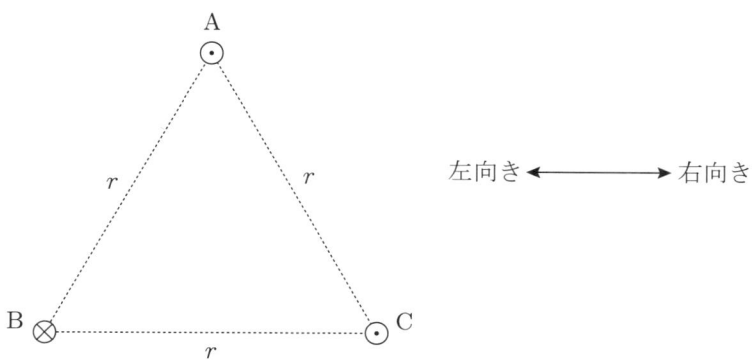

問4 単位長さのAが受ける力の大きさと向きはどうなるか。正しい組み合わせを，次の①〜⑧から選びなさい。　**16**

	大きさ	向き
①	$\dfrac{\mu I^2}{2\pi r}$	左向き
②	$\dfrac{\mu I^2}{\pi r}$	左向き
③	$\dfrac{\sqrt{3}\,\mu I^2}{2\pi r}$	左向き
④	$\dfrac{\sqrt{3}\,\mu I^2}{\pi r}$	左向き
⑤	$\dfrac{\mu I^2}{2\pi r}$	右向き
⑥	$\dfrac{\mu I^2}{\pi r}$	右向き
⑦	$\dfrac{\sqrt{3}\,\mu I^2}{2\pi r}$	右向き
⑧	$\dfrac{\sqrt{3}\,\mu I^2}{\pi r}$	右向き

第10回　実戦問題

E 次の図のように，xy平面（紙面）内のじゅうぶんに広い領域に，紙面に垂直で，紙面の裏から表の向きに，磁束密度の大きさBの一様な磁場が$y>0$の領域に加えられていて，大きさ$\frac{B}{2}$の一様な磁場が$y<0$の領域 II に加えられている。質量がmで正の電気量qをもった荷電粒子がある（$q>0$）。原点Oから荷電粒子をy軸の正の向きに初速vで打ち出した。荷電粒子が次にy軸に達した位置のy座標をy_1とし，再びOにもどってくるまでにかかる時間をt_1とする。

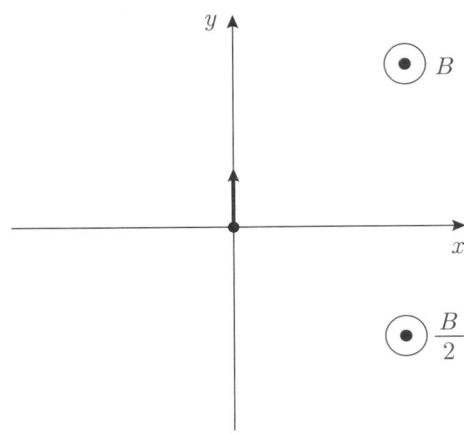

問5　y_1はどのように表されるか。また，t_1はどのように表されるか。正しい組み合わせを，次の①～⑧の中から一つ選びなさい。　　　　　　　　　　　　　　　　　　　　　17

	①	②	③	④	⑤	⑥	⑦	⑧
y_1	$\dfrac{2mv}{qB}$	$\dfrac{2mv}{qB}$	$\dfrac{mv}{qB}$	$\dfrac{mv}{qB}$	$-\dfrac{mv}{qB}$	$-\dfrac{mv}{qB}$	$-\dfrac{2mv}{qB}$	$-\dfrac{2mv}{qB}$
t_1	$\dfrac{\pi m}{qB}$	$\dfrac{2\pi m}{qB}$	$\dfrac{\pi m}{qB}$	$\dfrac{2\pi m}{qB}$	$\dfrac{\pi m}{qB}$	$\dfrac{2\pi m}{qB}$	$\dfrac{\pi m}{qB}$	$\dfrac{2\pi m}{qB}$

F 次の図1のように,同じ鉄心に2つのコイルを巻き,可変抵抗の抵抗値を変えることでコイル1に流れる電流 I_1 を図2のように変化させる。2つのコイルの相互インダクタンスを4[H]とする。

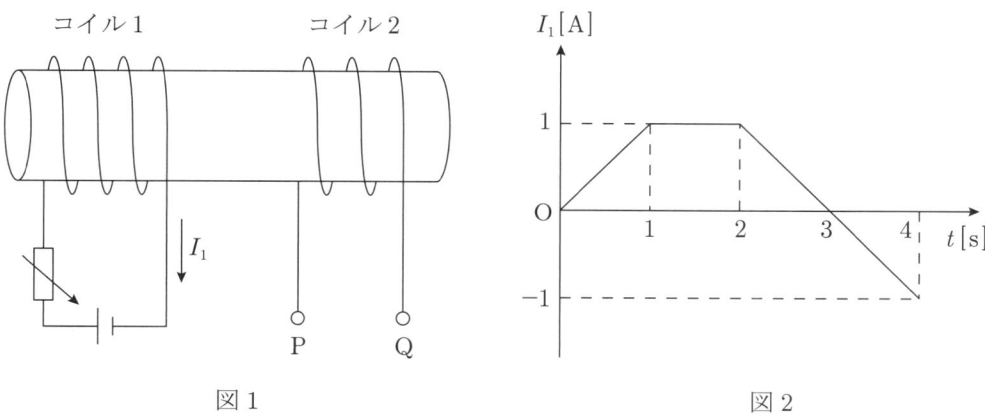

図1　　　　　　　　　　　　　　　図2

問6 端子Pに対するQの電位はどのように時間変化するか。正しいグラフを,次の①〜④の中から一つ選びなさい。　**18**

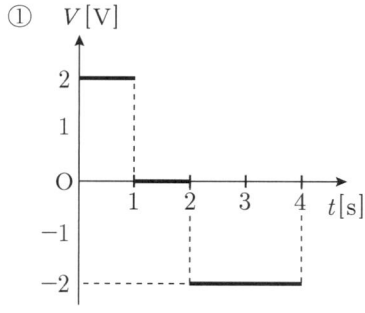

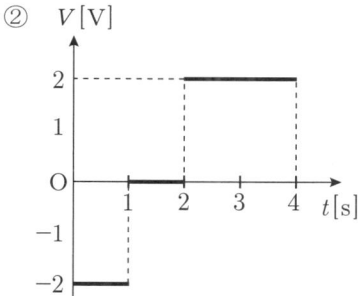

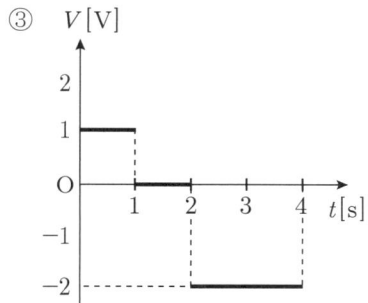

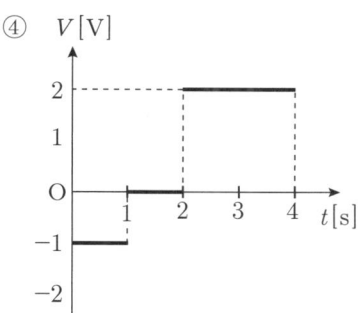

第10回 実戦問題

V 次の問い A（問1）に答えなさい。

A 高いエネルギーを持つ光子は，電子と陽電子や陽子と反陽子に分かれることがある。このように，光子がある粒子とその反粒子に分かれることを a といい，粒子とその反粒子が衝突し，エネルギーや他の素粒子になることを b という。

静止した電子と陽電子が b し，2つのγ線光子となった。静止エネルギーは2つの光子に均等に分配されるものとすると，γ線の波長は c となる。ただし，電子と陽電子の質量を m，プランク定数を h，光速を c とする。

問1 上の文章で， a と b に入る語句は何か。また， c に入る式はどうなるか。正しい組み合わせを，次の①〜⑥の中から一つ選びなさい。　　**19**

	①	②	③	④	⑤	⑥
a	対消滅	対生成	対消滅	対生成	対消滅	対生成
b	対生成	対消滅	対生成	対消滅	対生成	対消滅
c	$\dfrac{h}{mc}$	$\dfrac{h}{mc}$	$\dfrac{2h}{mc}$	$\dfrac{2h}{mc}$	$\dfrac{h}{2mc}$	$\dfrac{h}{2mc}$

物理の問題はこれで終わりです。解答欄の **20** 〜 **75** はマークしないでください。
解答用紙の科目欄に「物理」が正しくマークしてあるか，もう一度確かめてください。

この問題冊子を持ち帰ることはできません。

Answer Sheet
解答用紙

日本留学試験模擬試験
EJU Simulation Test for International Students
理科 解答用紙 SCIENCE ANSWER SHEET

理科 SCIENCE

日本留学試験模擬試験
EJU Simulation Test for International Students
理科 解答用紙 SCIENCE ANSWER SHEET

【裏 REVERSE SIDE】

The Correct Answer
正解表

正解表

第1回

問		解答欄	正解
I	問1	1	**4**
	問2	2	**3**
	問3	3	**2**
	問4	4	**3**
	問5	5	**4**
	問6	6	**2**
II	問1	7	**4**
	問2	8	**2**
	問3	9	**3**
III	問1	10	**5**
	問2	11	**1**
	問3	12	**2**
IV	問1	13	**4**
	問2	14	**2**
	問3	15	**4**
	問4	16	**3**
	問5	17	**3**
	問6	18	**2**
V	問1	19	**1**

第2回

問		解答欄	正解
I	問1	1	**2**
	問2	2	**5**
	問3	3	**1**
	問4	4	**1**
	問5	5	**6**
	問6	6	**2**
II	問1	7	**4**
	問2	8	**1**
	問3	9	**3**
III	問1	10	**2**
	問2	11	**1**
	問3	12	**3**
IV	問1	13	**5**
	問2	14	**7**
	問3	15	**4**
	問4	16	**2**
	問5	17	**2**
	問6	18	**1**
V	問1	19	**4**

正解表

第3回

問		解答欄	正解
I	問1	1	**4**
	問2	2	**2**
	問3	3	**1**
	問4	4	**1**
	問5	5	**6**
	問6	6	**2**
II	問1	7	**3**
	問2	8	**1**
	問3	9	**5**
III	問1	10	**3**
	問2	11	**1**
	問3	12	**8**
IV	問1	13	**1**
	問2	14	**2**
	問3	15	**5**
	問4	16	**2**
	問5	17	**5**
	問6	18	**4**
V	問1	19	**4**

第4回

問		解答欄	正解
Ⅰ	問1	1	**5**
	問2	2	**2**
	問3	3	**1**
	問4	4	**1**
	問5	5	**2**
	問6	6	**4**
Ⅱ	問1	7	**3**
	問2	8	**3**
	問3	9	**5**
Ⅲ	問1	10	**3**
	問2	11	**2**
	問3	12	**6**
Ⅳ	問1	13	**4**
	問2	14	**2**
	問3	15	**5**
	問4	16	**5**
	問5	17	**1**
	問6	18	**3**
Ⅴ	問1	19	**6**

第 5 回

問		解答欄	正解
I	問1	1	**3**
	問2	2	**3**
	問3	3	**2**
	問4	4	**3**
	問5	5	**1**
	問6	6	**2**
II	問1	7	**2**
	問2	8	**8**
	問3	9	**6**
III	問1	10	**2**
	問2	11	**1**
	問3	12	**8**
IV	問1	13	**6**
	問2	14	**4**
	問3	15	**4**
	問4	16	**2**
	問5	17	**2**
	問6	18	**3**
V	問1	19	**5**

第6回

問		解答欄	正解
Ⅰ	問1	1	4
	問2	2	2
	問3	3	1
	問4	4	3
	問5	5	3
	問6	6	1
Ⅱ	問1	7	4
	問2	8	2
	問3	9	3
Ⅲ	問1	10	2
	問2	11	1
	問3	12	6
Ⅳ	問1	13	1
	問2	14	4
	問3	15	2
	問4	16	1
	問5	17	1
	問6	18	4
Ⅴ	問1	19	2

正解表

第7回

問		解答欄	正解
Ⅰ	問1	1	**2**
	問2	2	**3**
	問3	3	**6**
	問4	4	**2**
	問5	5	**1**
	問6	6	**1**
Ⅱ	問1	7	**3**
	問2	8	**5**
	問3	9	**4**
Ⅲ	問1	10	**4**
	問2	11	**1**
	問3	12	**6**
Ⅳ	問1	13	**3**
	問2	14	**5**
	問3	15	**3**
	問4	16	**5**
	問5	17	**1**
	問6	18	**1**
Ⅴ	問1	19	**2**

第8回

問		解答欄	正解
Ⅰ	問1	1	4
	問2	2	2
	問3	3	6
	問4	4	4
	問5	5	3
	問6	6	5
Ⅱ	問1	7	5
	問2	8	2
	問3	9	3
Ⅲ	問1	10	4
	問2	11	3
	問3	12	4
Ⅳ	問1	13	8
	問2	14	4
	問3	15	4
	問4	16	2
	問5	17	2
	問6	18	1
Ⅴ	問1	19	2

正解表

第 9 回

問		解答欄	正解
Ⅰ	問1	1	**3**
	問2	2	**5**
	問3	3	**1**
	問4	4	**3**
	問5	5	**1**
	問6	6	**2**
Ⅱ	問1	7	**3**
	問2	8	**1**
	問3	9	**5**
Ⅲ	問1	10	**1**
	問2	11	**6**
	問3	12	**4**
Ⅳ	問1	13	**4**
	問2	14	**7**
	問3	15	**2**
	問4	16	**5**
	問5	17	**2**
	問6	18	**4**
Ⅴ	問1	19	**3**

第 10 回

問		解答欄	正解
Ⅰ	問1	1	**2**
	問2	2	**6**
	問3	3	**7**
	問4	4	**2**
	問5	5	**6**
	問6	6	**7**
Ⅱ	問1	7	**5**
	問2	8	**6**
	問3	9	**5**
Ⅲ	問1	10	**5**
	問2	11	**6**
	問3	12	**2**
Ⅳ	問1	13	**5**
	問2	14	**5**
	問3	15	**1**
	問4	16	**5**
	問5	17	**8**
	問6	18	**1**
Ⅴ	問1	19	**2**

Commentary

解説

解説

*難易度と頻出度については，名校志向塾における研究と分析を基に記載しております。

第1回

I

問1 [1] 力のつり合い
Point 糸を切断した瞬間，AにはAとBの重力の和がはたらく。Bにはたらく重力とばねによる力がつり合い続ける。
難易度 ★
頻出度 ★★

問2 [2] 運動方程式
Point 物体AとBの運動方程式により求まる。
難易度 ★★
頻出度 ★★

問3 [3] 運動量保存則・水平投射
Point 衝突前のAの速度を2倍にすれば衝突後のBの速度も2倍になる。
難易度 ★★
頻出度 ★★

問4 [4] 水平投射
Point 衝突するまでの小球の鉛直方向の変位と水平方向の変位の大きさの比が$\tan 30°$である。
難易度 ★★
頻出度 ★★

問5 [5] 力学的エネルギー
Point 点Aと点Bにおける力学的エネルギーの差は力による仕事と摩擦による仕事の和である。
難易度 ★☆
頻出度 ★★☆

問6 [6] 慣性力・単振り子
Point 単振動の振動中心と鉛直方向となす角は$\frac{1}{2}\theta$である。
難易度 ★★
頻出度 ★★☆

II

問1 [7] 熱と温度・熱平衡
Point 熱量の保存の式を立てば求まる。
難易度 ★
頻出度 ★★★

問2 [8] 気体の状態変化・理想気体の状態方程式
Point 栓を開ける前後の理想気体の状態方程式により求まる。
難易度 ★★
頻出度 ★★☆

問3 [9] 気体の状態変化・熱力学第一法則
Point 熱力学第一法則により判断できる。
難易度 ★
頻出度 ★★☆

III

問1 [10] 波の表し方
Point 波形を平行移動することで求まる。
難易度 ★
頻出度 ★★☆

問2 [11] ドップラー効果・うなり
Point 観測者が動く場合に聞こえる音波の周波数により求まる。
難易度 ★☆
頻出度 ★★☆

問3 [12] レンズ
Point 凹レンズの座標を$-x$とすると，凹レンズと凸レンズに対してそれぞれレンズの式 $\frac{1}{80-x} - \frac{1}{b} = \frac{1}{5}$, $\frac{1}{x+b} + \frac{1}{40} = \frac{1}{20}$ が成り立つ。
難易度 ★★★
頻出度 ★

IV

問1 [13] クーロンの法則・力のつり合い
Point 小球にはたらくクーロン力，重力と張力がつり合う。
難易度 ★
頻出度 ★★

問2 14 コンデンサーの接続
Point 端子bに切り替えた後，C_1，C_2とC_3は並列接続する。
難易度 ★★
頻出度 ★★

問3 15 直流回路・非線形抵抗
Point 白熱電球の特性曲線と$V = 20 - 50I$の交点を求める。
難易度 ★★
頻出度 ★★☆

問4 16 直線電流がつくる磁場・円形電流がつくる磁場
Point 右ねじの法則により磁場の向きを判断し，磁場の合成により求まる。
難易度 ★☆
頻出度 ★★☆

問5 17 導体が磁場を横切るときの誘導起電力，直線電流が磁場から受ける力
Point 一定の速さになった時，重力と直線電流が磁場から受ける力がつり合う。
難易度 ★
頻出度 ★★★

問6 18 ファラデーの電磁誘導の法則
Point ソレノイドや円環に流れる電流がつくる磁場は，棒磁石がつくる磁場にみなせる。
難易度 ★
頻出度 ★★

Ⅴ
問1 19 X線
Point 連続X線と固有X線の定義により求まる。
難易度 ★
頻出度 ★☆

第2回
Ⅰ
問1 1 剛体のつり合い
Point 斜面に沿った向きの力のつり合い，斜面に垂直方向の力のつり合い，及びおもりBの重心まわりの力のモーメントのつり合いにより求まる。
難易度 ★★☆
頻出度 ★

問2 2 水平投射・弾性衝突
Point 壁との衝突後，小球の鉛直方向の速度成分は変化しない。
難易度 ★
頻出度 ★★

問3 3 運動量保存則・遠心力
Point 小物体Bが点Oで飛び出すために，点Oで受ける垂直抗力＝0。つまり遠心力≧重力。
難易度 ★★
頻出度 ★★☆

問4 4 ばね振り子・単振動のエネルギー
Point 小球が斜面上でつり合う時，ばねの縮みをxとすると，単振動のエネルギーの保存により，$\frac{1}{2}mv_0^2 + \frac{1}{2}kx^2 = \frac{1}{2}kA^2$。
難易度 ★★
頻出度 ★★

問5 5 力学的エネルギーの保存
Point 三つのおもりが一緒に運動するため，速度は同じである。速度をvとすると，$Mgh = \frac{1}{2}(M+2m)v^2$。
難易度 ★☆
頻出度 ★★

問6 6 ケプラーの法則・力学的エネルギーの保存
Point ケプラーの第2法則により，点Aと点Bの速度比が求まる。また，点Aと点Bの力学的エネルギーが保存する。
難易度 ★★
頻出度 ★★☆

Ⅱ
問1 7 熱と温度・熱平衡
Point 熱量の保存の式を立てば求まる。
難易度 ★
頻出度 ★★★

問2 8 気体の状態変化・熱力学第一法則
Point 容器AとB内の気体の圧力が棒に与え

解説

る力が常につり合う。容器AとBを一体として考えると，容器A内の気体に与えた熱量Qは容器AとB内の気体の内部エネルギー変化に等しい。つまり加熱後の容器B内の気体の圧力をP_Bとし，棒の移動量をxとすると，
$Q=\Delta U_A+\Delta U_B=\left\{\dfrac{3}{2}\dfrac{P_B}{2}\cdot 2S(d+x)-\dfrac{3}{2}P\cdot 2Sd\right\}+\left\{\dfrac{3}{2}P_B\cdot S(d-x)-\dfrac{3}{2}2P\cdot Sd\right\}$。

難易度 ★★★
頻出度 ★☆

問3 [9] 気体の状態変化
Point $W_1=\dfrac{1}{2}P_0V_0$, $W_2=-\dfrac{3}{2}P_0V_0$, $W_3=-\dfrac{1}{2}P_0V_0$, $W_4=\dfrac{1}{2}P_0V_0$

難易度 ★
頻出度 ★★

[III]
問1 [10] 波の干渉
Point 実線は弱め合う点をむすんだ線である。

難易度 ★
頻出度 ★★

問2 [11] 気柱の振動・共振・共鳴
Point 閉管の長さが$2L$の時，気柱を基本振動か3倍振動させる。

難易度 ★★
頻出度 ★★☆

問3 [12] ヤングの実験
Point S_1を移動する前，点Oに最も近い明線の光路差はλである。S_1の移動量をxとすると，$d\dfrac{x}{l}=\lambda$。

難易度 ★★
頻出度 ★★

[IV]
問1 [13] 点電荷のまわりの電場
Point 点電荷の周りの電場の分解により求まる。

難易度 ★
頻出度 ★★

問2 [14] コンデンサー
Point S_3を閉じたあと，回路はCと$2C$の直列接続，$2C$と$4C$の直列接続が並列接続する。

この時，回路に蓄えられる電気量は$\dfrac{2}{3}CV$，コンデンサーの合成電気容量は$2C$。

難易度 ★★☆
頻出度 ★☆

問3 [15] 抵抗の直列接続と並列接続・コンデンサーを含む回路・自己誘導
Point スイッチを閉じた直後，コンデンサーは導線，コイルは断線とみなせる。スイッチを閉じてからじゅうぶん時間が経過した後，コンデンサーは断線，コイルは導線とみなせる。

難易度 ★★
頻出度 ★★★

問4 [16] 導体が磁場を横切るときの誘導起電力
Point ファラデーの電磁誘導の法則，フレミングの左手の法則により求まる。

難易度 ★☆
頻出度 ★★☆

問5 [17] 直線電流が作る磁場
Point 右ねじの法則，磁場の合成により求まる。

難易度 ★
頻出度 ★★★

問6 [18] コイルのリアクタンスと位相差・コンデンサーのリアクタンスと位相差
Point コイルに流れる電流は交流電圧に対して位相が$\dfrac{\pi}{2}$進んでいる。コンデンサーに流れる電流は交流電圧に対して位相が$\dfrac{\pi}{2}$遅れている。

難易度 ★
頻出度 ★

[V]
問1 [19] 半減期
Point 半減期を考慮した原子核の数の時間変化式により求まる。

難易度 ★
頻出度 ★★★

第3回

[I]
問1 [1] 剛体のつり合い
Point C端まわりの力のモーメントのつり合

いにより糸にかかる張力が求まる。棒BCにはたらく力のつり合いによりC端が受ける力の大きさが分かる。
難易度 ★★
頻出度 ★★☆

問2 [2] **斜方投射・落体の運動**
Point 小球AとBが空中で衝突するまでの鉛直方向の変位は共に$\frac{h}{2}$である。
難易度 ★★
頻出度 ★★★

問3 [3] **液体や気体から受ける力**
Point 空気抵抗を受ける小物体は最初の一瞬だけ重力加速度により加速される。時間が経過し，最終的には加速度が0となり，終端速度で等速度運動をする。
難易度 ★☆
頻出度 ★★☆

問4 [4] **単振り子**
Point 単振り子の周期は糸の長さによる。
難易度 ★
頻出度 ★★☆

問5 [5] **力のつり合い・力学的エネルギーの保存**
Point ばねの縮みがxの時，物体と台の運動方程式は$kx=(m+M)a$である。この時，物体はすべりはじめる寸前であるため，$ma=\mu mg$。物体の速度は力学的エネルギーの保存により求まる。
難易度 ★★☆
頻出度 ★★☆

問6 [6] **ケプラーの法則**
Point ケプラーの第2法則により，点Aと点Bの速度比が求まる。
難易度 ★
頻出度 ★★★

[II]
問1 [7] **熱と温度・熱平衡**
Point 熱量の保存の式を立てば求まる。
難易度 ★
頻出度 ★★★

問2 [8] **定積変化・定圧変化**
Point 状態AからBは定積変化，状態AからCは定圧変化である。
難易度 ★☆
頻出度 ★★☆

問3 [9] **気体の状態変化・力のつり合い**
Point シリンダー内の気体は等温変化を行った。ピストンがrのところで静止する時，気体の圧力，大気圧がピストンに与える力とピストンが受ける遠心力が半径方向においてつり合う。
難易度 ★★
頻出度 ★

[III]
問1 [10] **波の表し方**
Point 正弦波の周期は8sである。
難易度 ★
頻出度 ★★

問2 [11] **ドップラー効果**
Point 音速をVとし，SBとSAがなす角度を$\theta(t)$とすると，点Aから聞こえる音の振動数は$f=\frac{V}{V-v_s}f_0$から点Aを境目に$f=\frac{V}{V+v_s}f_0$に変わる。点Bから聞こえる音の振動数は$f=\frac{V}{V-v_s\cos\theta(t)}f_0$から点Aを境目に$f=\frac{V}{V+v_s\cos\theta(t)}f_0$に変わる。
難易度 ★★☆
頻出度 ★★

問3 [12] **レンズ**
Point 虚像の移動距離をΔbとすると，移動前後のレンズの式より，$\frac{1}{a}-\frac{1}{b}=\frac{1}{f}$，$\frac{1}{a+\Delta a}-\frac{1}{b+\Delta b}=-\frac{1}{f}$。
難易度 ★★☆
頻出度 ★☆

[IV]
問1 [13] **点電荷のまわりの電場**
Point 点電荷の周りの電場の合成により求まる。
難易度 ★
頻出度 ★★★

解説

問2 [14] コンデンサー
Point 端子aとbの接続で極板Bに蓄えられた電荷 $Q=\dfrac{\varepsilon_0 S}{d}V_0$。端子aとcを接続させた後,極板Aに蓄えられた電荷を $-Q_A$,極板Cに蓄えられた電荷を Q_C とすると,電気量保存の法則により,$Q = Q_A - Q_C$,$\dfrac{\varepsilon_0 S}{d}V_0 = \dfrac{\varepsilon_0 S}{3d-x}V_B - \dfrac{\varepsilon_0 S}{x}(V_0 - V_B)$。
難易度 ★★★
頻出度 ★☆

問3 [15] コイルに蓄えられるエネルギー・直流回路
Point R_1 と R_2 が消費したエネルギーの和はコイルに蓄えられたエネルギーに等しい。
難易度 ★★
頻出度 ★★

問4 [16] 直線電流がつくる磁場
Point 右ねじの法則により電流がつくる磁場の向きを判断し,ベクトルの合成により原点における磁場の向きと大きさを求める。
難易度 ★☆
頻出度 ★★☆

問5 [17] ファラデーの電磁誘導の法則・ジュール熱
Point レンツの法則によりコイルに流れる電流の向きを判断する。ファラデーの電磁誘導の法則によりリング上の誘導起電力が求まる。
難易度 ★★
頻出度 ★☆

問6 [18] 交流回路・実効値
Point コンデンサーを流れる交流とコイルを流れる交流の消費電力。
難易度 ★★
頻出度 ★

[V]
問1 [19] 光電効果
Point より強い光をあてても,金属の種類を変えない限り v と K_0 の関係は変わらない。より長い波長の光を当てると,阻止電圧の大きさが増大する。
難易度 ★★
頻出度 ★★

第4回
[I]
問1 [1] 剛体のつり合い
Point 棒の重力を W とすると,点Pまわりの力のモーメントのつり合いより,
$N_Q\left(\dfrac{3}{4}l - x\right) = W\left(\dfrac{1}{2}l - x\right)$。
難易度 ★☆
頻出度 ★★

問2 [2] 斜方投射・運動量保存則
Point 水平方向の運動量保存則 $0 = mv\cos\theta + MV$ より,台の速度 V が求まる。台の移動距離 $+ 2L =$ 小球の移動距離。
難易度 ★☆
頻出度 ★★

問3 [3] 力学的エネルギーの保存・運動量保存則・単振動のエネルギー
Point 力学的エネルギーの保存により,小球が板に衝突する前の速度が求まる。更に,運動量保存則により衝突後の板の速度が求まり,単振動のエネルギーの保存により,単振動の振幅が求まる。
難易度 ★★
頻出度 ★★☆

問4 [4] 慣性力
Point 風船は車の加速度と逆方向の慣性力を受け,それと重力の合力が張力,浮力と糸の方向で力がつり合う。
難易度 ★★
頻出度 ★

問5 [5] 力学的エネルギーの保存・運動量保存則
Point 運動量保存則と反発係数の式より,反発係数 $e = \dfrac{1}{2}$ であることが分かる。
難易度 ★★
頻出度 ★☆

問6 [6] 万有引力
Point 万有引力が向心力としてはたらく。
難易度 ★
頻出度 ★★★

II

問1 [7] 熱と温度・熱平衡
Point 熱量の保存の式を立てば求まる。
難易度 ★
頻出度 ★★★

問2 [8] 気体の状態変化・熱力学第1法則
Point 熱力学第1法則により求まる。
難易度 ★☆
頻出度 ★★★

問3 [9] 気体の状態変化
Point 気体の圧力とシリンダーの重力による圧力の和が鉛直方向で大気圧とつり合う。また、気体は定圧変化を行った。
難易度 ★★
頻出度 ★★

III

問1 [10] 縦波・波の伝わり方
Point 密度が大きい場所は山から谷に移るところである。
難易度 ★
頻出度 ★☆

問2 [11] ドップラー効果
Point 振動板の振動数をf_0とすると、時間Tだけ振動させて生じた水面波の数は$f_0 T$。壁面Pで反射された後の波の振動数は$\frac{V+v}{V-v}f_0$。ゆえに、水面波が完全に板を通過するまでの時間は $\frac{f_0 T}{\frac{V+v}{V-v}f_0}$ である。
難易度 ★★☆
頻出度 ★☆

問3 [12] 光の屈折・全反射
Point 媒質Iから媒質IIへの入射角が臨界角より大きい時に全反射が起こり、光は媒質Iの中だけで伝わる。
難易度 ★☆
頻出度 ★★

IV

問1 [13] クーロンの法則
Point クーロンの法則及び力の合成により求まる。

難易度 ★
頻出度 ★★★

問2 [14] コンデンサーを含む回路
Point 抵抗値Rの電気抵抗で発生したジュール熱は2つのコンデンサーに蓄えられるエネルギーに等しい。
難易度 ★★
頻出度 ★★☆

問3 [15] 振動回路
Point 矢印が示す方向に最大の電流が流れるのは、コイルの誘導起電力により、コンデンサーの下の極板に正の電気が蓄えられたあと、再びコンデンサーの電気エネルギーを全てコイルに与えた時である。
難易度 ★★
頻出度 ★☆

問4 [16] ソレノイドの電流がつくる磁場
Point 右ねじの法則により電流がつくる磁場の向きを判断し、ベクトルの合成により原点における磁場の向きを判断する。
難易度 ★☆
頻出度 ★★

問5 [17] 磁場中の荷電粒子の運動
Point 負の点電荷のサイクロトロン運動はz軸の正の方向から見て、反時計回りである。また、点電荷は1周期後にz軸にもどる。
難易度 ★★
頻出度 ★★

問6 [18] 導体が磁場を横切る時の誘導起電力・直流回路
Point 金属棒による誘導起電が電池の起電力と同じ向き、同じ大きさになる時、金属棒に流れる電流が0となり、金属棒にはたらく力が0となる。その時、金属棒が等速度運動をする。
難易度 ★★
頻出度 ★★☆

V

問1 [19] エネルギー準位
Point 振動数条件により、$E_2 - E_1 = h\nu = h\dfrac{c}{\lambda}$。

― 255 ―

解説

また，光の波長は 3.8×10^{-7} m より小さいため，紫外線である。

難易度 ★★
頻出度 ★

第5回

I

問1 [1] 単位系と次元

Point 磁束密度の基本単位は $F = BIL$ から，自己インダクタンスは $U = \frac{1}{2}LI^2$ から考える。

難易度 ★
頻出度 ★

問2 [2] 剛体のつりあい

Point 物体が粗い斜面上でつり合うため，物体上のどの点まわりにおいてもモーメントがつり合うはず。つまり，物体が受ける3つの力は1点に交わらなければならない。

難易度 ★★
頻出度 ★★

問3 [3] エネルギー

Point AB間を通過する度に到達できる高さが $\frac{2}{9}h$ 減るから，点Oで静止するまで，点Aを5回通過する。

難易度 ★☆
頻出度 ★★☆

問4 [4] 力のつり合い・力学エネルギーの保存・遠心力

Point 小球が最下点を通過する時の速さを v とすると，通過する直前に糸にかかる力のつり合いは $T_1 - mg = m\frac{v^2}{l}$，通過した直後に糸にかかる力のつり合いは $T_2 - mg = m\frac{v^2}{\frac{l}{3}}$。

難易度 ★★
頻出度 ★★

問5 [5] 単振動

Point 振幅は初期位置から力がつり合う位置までの距離に依存する。周期は質量に依存する。

難易度 ★★
頻出度 ★★☆

問6 [6] 万有引力・力学的エネルギーの保存・ケプラーの法則

Point 地球の質量を M，物体の質量を m とする。無限遠方に飛び去らないためには，$\frac{1}{2}mv^2 + \left(-G\frac{Mm}{2R}\right) < 0$。物体が地球に衝突するぎりぎりの場合は楕円の長軸と地球の右側の交点を通る。そこの速度を V とすると，面積速度一定により，$v \cdot 2R = V \cdot R$。そして $\frac{1}{2}mv^2 + \left(-G\frac{Mm}{2R}\right) = \frac{1}{2}mV^2 + \left(-G\frac{Mm}{R}\right)$。

難易度 ★★★
頻出度 ★

II

問1 [7] 熱と温度・熱平衡

Point 熱量の保存の式を立てれば最後氷と水は水蒸気になることが分かる。

難易度 ★
頻出度 ★

問2 [8] 気体の状態変化

Point 1→2は圧力が下がる等温変化，2→3は断熱圧縮，3→4は圧力が上がる等温変化，4→1は断熱膨張。

難易度 ★★
頻出度 ★★

問3 [9] 内部エネルギー・気体の状態変化

Point 容器Aの温度を T とすると，容器AとBの気体の内部エネルギーの和が保存されるから，栓を抜いた後の気体の温度は $\frac{5}{3}T$ となり，圧力が求まる。

難易度 ★★
頻出度 ★★

III

問1 [10] 波の反射

Point $n_2 > n_1$ であるため，固定端反射である。

難易度 ★☆
頻出度 ★★☆

問2 [11] 気柱の振動

Point 固有振動数 $f = \frac{nV}{2L}$ とすると，一つ高い固有振動数 $f_{high} = f\frac{V}{V-v} = \frac{(n+1)V}{2L}$，一つ低い固有振動数 $f_{low} = f\frac{V}{V+v} = \frac{(n-1)V}{2L}$。

つまり，スピーカーの速さ $v=\dfrac{V}{n+1}$，最大値は $v=\dfrac{V}{2}$。
難易度　★★★
頻出度　★☆

問3　12　全反射
Point　光が空気から水に入射する時の屈折角を θ_2，水からガラスに入射する時の屈折角を θ_1 とすると，空気中からちょうどPから出た光が見えないとき，空気から水への入射角は90°で，半径の最小値 $r=h_1 \tan\theta_1 + h_2 \tan\theta_2$。
難易度　★★
頻出度　★☆

IV

問1　13　点電荷まわりの電場・点電荷まわりの電位
Point　電場の合成はベクトルの合成，電位の合成は符号を持って直接足し算する。
難易度　★☆
頻出度　★★★

問2　14　コンデンサーの接続
Point　端子aに接続すると，点Aの電位は0であるため，電気容量 C と $2C$ のコンデンサーの間の点（端子bに接続している点）の電位は $-\dfrac{2}{3}E$ となる。端子bに切り替えた後，電気容量 $2C$ のコンデンサーにかかる電圧が E になるから，点Bの電位が求まる。
難易度　★★
頻出度　★★

問3　15　抵抗の接続・キルヒホッフの法則
Point　スイッチ S_1 と S_3 だけを閉じた場合，抵抗 R_1 と R_2 の並列が R_3 と直列する。スイッチ S_1 と S_2 だけを閉じた場合，R_2 を流れる電流を I_2，R_3 を流れる電流を I_3 とすると，$0 + I_2 = I_3$，$E_1 = I_3 R_3$，$E_2 = I_2 R_2 + I_3 R_3$。
難易度　★★
頻出度　★★

問4　16　電流がつくる磁場
Point　右ねじの法則により電流がつくる磁場の向きを判断し，ベクトルの合成により点AとBの磁場の向きを判断する。
難易度　★
頻出度　★★☆

問5　17　導体が磁場を横切るときの誘導起電力・キルヒホッフの法則
Point　金属棒の速さが一定値 v の時，抵抗 R，$2R$ に流れる電流 $I = \dfrac{E}{2R}$。この時，抵抗 $2R$ の電圧は金属棒による上向きの誘導起電力に等しい。
難易度　★★
頻出度　★★

問6　18　直流回路・交流回路のインピーダンス
Point　端子aに接続した時，交流回路のインピーダンスは $1 / \sqrt{R^2 + \dfrac{1}{\left(\omega c - \dfrac{1}{\omega L}\right)^2}}$。端子bに接続した時，直流回路の抵抗は R。
難易度　★★
頻出度　★★

V

問1　19　核反応
Point　反応の前後で原子番号の和と質量数の和はそれぞれ等しい。エネルギー放出は式の左辺と右辺の原子核の質量の差から，$\Delta E = \Delta m \cdot c^2$ により求まる。
難易度　★☆
頻出度　★★

第6回

I

問1　1　単位系と次元
Point　磁場の基本単位は $H = \dfrac{I}{2\pi r}$ から，電場は $F = ma = qE$ から考える。
難易度　★
頻出度　★

問2　2　浮力・剛体のつりあい
Point　棒の端Bが受ける力は小球が受ける力のつり合いより，上向きの $2mg$ であることが分かる。AOの距離を x とすると，点Oまわりのモーメントのつりあいより，$mgx + 2mg(L-x) = Mg\left(\dfrac{L}{2} - x\right)$。
難易度　★★

― 257 ―

解説

頻出度 ★★☆

問3 [3] 水平投射・力学的エネルギーの保存・衝突
Point 力学的エネルギーの保存と反発係数の式により，一段目で弾んだあと，たどりつく最高点の座標は $(l(e+1),\ h(e^2+2))$ となる。軌跡の式を $y=a\{x-l(e+1)\}^2+h(e^2+2)$ とすると，$x=l$ のとき，$y=2h$ から，$a=-\dfrac{h}{l^2}$ がわかる。
難易度 ★★☆
頻出度 ★☆

問4 [4] 重心
Point 一番下にある板は床に接しているから考えなくてよい。それより上の3枚の板の重心が一番下にある板の右端より左側にあればよい。つまり距離 x が最大値を取るとき，上の3枚の板の重心がちょうど一番下にある板の右端と一致する。
難易度 ★★☆
頻出度 ★

問5 [5] 力学的エネルギーの保存・運動量保存則
Point 水平方向の運動量保存則：$mv_0=(m+M)V$；全体の力学的エネルギーの保存：$\dfrac{1}{2}mv_0^2=\dfrac{1}{2}(m+M)V^2+mgh$。
難易度 ★★☆
頻出度 ★★

問6 [6] 単振動
Point 初期状態の力のつり合い：$\rho lSg=\rho_\text{水}hSg$；復元力 $F=\rho lSg-\rho_\text{水}(h+x)Sg$。
難易度 ★★
頻出度 ★★

[II]
問1 [7] 熱と温度・熱平衡
Point 熱量の保存の式を立てば求まる。
難易度 ★
頻出度 ★★★

問2 [8] 気体の状態変化・熱力学第一法則
Point 状態変化前後の温度が一定であるため，気体が吸収した熱量と気体がした仕事が等しい。
難易度 ★

頻出度 ★★★

問3 [9] 内部エネルギー・気体の状態変化
Point 容器AとBの気体の内部エネルギーの和が保存されるから，栓を抜いた後の気体の温度は $\dfrac{2}{3}T_0$，圧力は $\dfrac{2}{3}nRT_0$ である。
難易度 ★★
頻出度 ★★

[III]
問1 [10] ドップラー効果
Point 人が聞く反射板からの反射音の振動数は $\dfrac{V-u}{V+v}f_0$，音源からの直接音の振動数は $\dfrac{V-u}{V-v}f_0$ である。
難易度 ★★☆
頻出度 ★

問2 [11] レンズ
Point 物体の凸レンズによる像からレンズまでの距離を b とすると，$\dfrac{1}{30}+\dfrac{1}{b}=\dfrac{1}{20}$，$b=60$ となり，像は凹レンズの後方にある。つまり凸レンズによる実像は凹レンズに対する虚光源となり，その像からレンズまでの距離を b' とすると，$\dfrac{1}{-20}+\dfrac{1}{b'}=\dfrac{1}{-40}$，$b'=40$ となる。これは凹レンズの右側にある倒立実像である。
難易度 ★★★
頻出度 ★

問3 [12] 空気層による干渉
Point ガラスを下に動かすと注目する位置 x の空気層が厚くなり，光路差が大きくなる。ゆえに位置 x の元の光路差に相当する明線は左側でみつかる。干渉縞の間隔は光の波長と上の平板ガラスの傾きだけに依存する。
難易度 ★★
頻出度 ★★

[IV]
問1 [13] 点電荷まわりの電場・点電荷まわりの電位
Point 電場の合成はベクトルの合成，電位の合成は符号を持って直接足し算する。
難易度 ★
頻出度 ★★☆

問2 [14] コンデンサーの接続・電気量保存の法則
Point 最初C_1には$Q_1=40\mu C$, C_2には$Q_2=20\mu C$の電気量が蓄えられている。Sを端子aに入れた後，C_1の極板BとC_3の右極板の電気量保存により，C_1とC_3の電気量はそれぞれ$Q_1'=10\mu C$, $Q_3'=30\mu C$となる。Sを端子bに入れた後，C_1, C_2とC_3の電気量をそれぞれQ_1'', Q_2''とQ_3''とし，電圧をそれぞれV_1, V_2とV_3とすると，$V_1+V_2=V_3 \Rightarrow \frac{Q_1''}{2}+\frac{Q_2''}{1}=\frac{Q_3''}{6}$。また，$C_1$の極板Aと$C_3$の左極板，$C_1$の極板Bと$C_2$の左極板の電気量保存により，$Q_1''+Q_3''=40$, $-Q_1''+Q_2''=10$。

難易度 ★★★
頻出度 ★

問3 [15] 抵抗の接続
Point n個並列した抵抗Rが抵抗$\frac{R}{2}$と直列する。

難易度 ★
頻出度 ★★

問4 [16] 磁場中の荷電粒子の運動
Point 射出される電子が電極Aに戻るまでにかかる時間は円運動の半周期$\frac{\pi m}{eB}$であるため，n回目はそのn倍である。

難易度 ★☆
頻出度 ★★☆

問5 [17] キルヒホッフの法則・導体が磁場を横切るときの誘導起電力
Point フレミングの右手の法則より，導体棒A, B, Cによる誘導起電力E_A, E_B, E_Cが分かる。それぞれの導体棒に流れる奥のレールから手前のレールに向かう電流をI_A, I_B, I_Cとすると，キルヒホッフの法則により，$I_A+I_B+I_C=0$, $E_B-E_C=(I_B-I_C)R$, $E_C-E_A=(I_C-I_A)R$が成り立つ。

難易度 ★★☆
頻出度 ★

問6 [18] 振動回路
Point Sを閉じてから十分に時間がたった後，コイルに定常電流が流れ，コンデンサーには電荷が蓄えられていない。Sを開くと，コイルに蓄えられるエネルギーがコンデンサーに与えられ始め，電気振動が始まる。つまり電流が最初に0になるまでの時間は振動周期の$\frac{1}{4}$となる。

難易度 ★★☆
頻出度 ★★

V
問1 [19] 核反応
Point 反応前後のエネルギーが保存する。つまり静止エネルギーの変化ΔEは運動エネルギーの変化ΔKの負の値に等しい。$\Delta K=-\Delta E=-(m_p-m_n)c^2$。

難易度 ★★
頻出度 ★

第7回
I
問1 [1] 剛体のつり合い
Point 棒と水平面に接する点まわりのモーメントのつり合いから張力の大きさTが求まる。水平方向の力のつり合いから静止摩擦力の大きさfが求まる。

難易度 ★
頻出度 ★★

問2 [2] 斜方投射
Point 水平方向と鉛直方向の速度と変位の関係式で求まる。

難易度 ★
頻出度 ★★☆

問3 [3] 慣性力
Point エレベータ内のおもりが運動する時に下向きで大きさがaの慣性加速度を受ける。また，Bが動き出したあと，AとBの加速度が等しい。ゆえにそれぞれの運動方程式から加速度が等しい式を立てると，$\frac{T-M(g+a)}{M}=\frac{3M(g+a)-T}{3M}$が成り立つ。

難易度 ★★☆
頻出度 ★☆

問4 [4] 単振動
Point 単振動は等速円運動の射影であるため，ここでは等速円運動に戻して考える。単振動の初速vを等速円運動の速度として考えると，最初は円運動速度の水平方向成分と単振動速度が等しい。その後，単振動速度が初めて$\frac{v}{2}$になる時は円運動速度の水平成分が$\frac{v}{2}$になる時で

解説

ある。つまり，円運動では $\frac{1}{6}$ 周期まわったことを意味する。

難易度 ★★☆
頻出度 ★★

問5　5　力積
Point　力積はベクトルである。1周した後，小球の運動量が変化していないから，力積は0である。

難易度 ★★
頻出度 ★★

問6　6　万有引力
Point　万有引力と遠心力の半径方向の力のつり合いから求まる。

難易度 ★
頻出度 ★★★

II

問1　7　熱と温度・熱平衡
Point　液体と物体の温度をそれぞれ T_1 と T_2，熱平衡時の温度を T とすると，$Q = C_1(T_1 - T) = C_2(T - T_2)$。

難易度 ★
頻出度 ★★★

問2　8　理想気体状態方程式・気体の状態変化
Point　はじめと最後の状態は定積変化の関係を満たす。

難易度 ★
頻出度 ★★★

問3　9　気体の状態変化
Point　V-T 線図を p-V 線図に書き直し，理想気体状態方程式からそれぞれの状態の圧力を算出すれば，気体がされた仕事は $W = -\frac{1}{2}RT$ であることが分かる。

難易度 ★★
頻出度 ★★☆

III

問1　10　波の干渉
Point　波源AとBが逆位相であるから，AとBの中心線の左右に強め合う点を結んだ線が分布する。また，線分AB上の強め合う点同士の距離は10cmである。

難易度 ★☆
頻出度 ★★☆

問2　11　気柱の振動
Point　閉管内の気柱の固有振動数の式から求まる。

難易度 ★
頻出度 ★★★

問3　12　薄膜による干渉
Point　薄膜内の光の波長が λ であり，m は自然数であるから，空気から薄膜への屈折角を r とすると，強め合う条件は $2d\cos r = \left(m - \frac{1}{2}\right)\lambda$。屈折の法則から，$\cos r = \frac{\sqrt{n^2 - \sin^2\theta}}{n}$。

難易度 ★★★
頻出度 ★★

IV

問1　13　静電気力による位置エネルギー・力学的エネルギーの保存
Point　じゅうぶん遠い場所にいる時の力学的エネルギー $\frac{1}{2}mv_0^2$ は点Oにいるときの力学的エネルギー $\frac{2kq^2}{r}$ に等しい。

難易度 ★★
頻出度 ★☆

問2　14　コンデンサーの接続
Point　最終的にコンデンサー C_1，C_2，C_3 両端の電圧をそれぞれ V_1，V_2，V_3 とし，蓄えられる電気量を Q_1，Q_2，Q_3 とすると，$V_1 + V_2 = V_3$，$Q_1 = CV_1$，$Q_2 = 2CV_2$，$Q_3 = 2CV_3$ がある。また端子 a 側の電気量の保存により，$Q_1 + Q_3 = +\frac{2}{3}CE$。コンデンサー C_1 と C_2 の間の電気量の保存により，$-Q_1 + Q_2 = -\frac{2}{3}CE + 2CE$。ゆえに，$V_3 = \frac{5}{12}E$。

難易度 ★★★
頻出度 ★

問3　15　コイルに蓄えられるエネルギー
Point　コイルに蓄えられるエネルギーの変化量は $\frac{1}{2}L\left(\frac{V}{R}\right)^2 - \frac{1}{2}L\left(\frac{V}{2R}\right)^2$ である。

難易度 ★★
頻出度 ★☆

問4　16　直線電流が作る磁場・直線電流が磁場から受ける力

Point フレミングの左手の法則からPにおける合成後の磁場は右向きであることが分かる。そのために，右ねじの法則からCには紙面の表から裏の向きに大きさ$2I$の電流を流す必要がある。
難易度 ★☆
頻出度 ★★☆

問5 [17] 電場と磁場中の荷電粒子の運動
Point 領域IIへの入射速度が$2v$であるため，入射速度と境界面のなす角度は$60°$となる。つまり領域Iでの運動時間をt_1とすると，$\frac{qE}{m}t_1 = \sqrt{3}v$。そして領域IIでの運動時間を$t_2$とすると，$t_2 = \frac{2}{3}T = \frac{4\pi m}{3qB}$。
難易度 ★★☆
頻出度 ★★

問6 [18] レンツの法則・導体が磁場を横切るときの誘導起電力
Point 電流の正と負はレンツの法則によって判断する。回路が磁場を横切るときの誘導起電力$E = BLv$。
難易度 ★
頻出度 ★★☆

V
問1 [19] 物質波
Point 加速された後，電子がもつ運動エネルギー$\frac{1}{2}mv^2 = eV$である。したがって，電子の運動量$p = mv = \sqrt{2meV}$となる。
難易度 ★★
頻出度 ★★

第8回
I
問1 [1] 剛体のつり合い・浮力
Point 糸と棒がつながっている点をOとすると，棒の重力の点Oまわりのモーメントと平均長さxの部分にはたらく浮力の点Oまわりのモーメントがつり合う。
難易度 ★
頻出度 ★★

問2 [2] 斜方投射
Point 重力加速度を斜面に沿った方向と斜面に垂直な方向に分解する。するとこの斜方投射を斜面に沿った方向と斜面に垂直な方向の鉛直投げ上げにみなすことが出来る。斜面に垂直な方向では$v_0\sin\theta \cdot t - \frac{1}{2}g\cos30° \cdot t^2 = 0$，斜面に沿った方向では$v_0\cos\theta \cdot t - \frac{1}{2}g\sin30° \cdot t^2 = L$が成り立つ。
難易度 ★★★
頻出度 ★★

問3 [3] 位置エネルギー
Point 物体Aが静止している時のばねの縮みをx_1，物体Bが水平面から離れる直前のばねの伸びをx_2，外力がした仕事をWとすると，$W + \frac{1}{2}kx_1^2 = \frac{1}{2}kx_2^2 + m_Ag(x_1 + x_2)$。
難易度 ★☆
頻出度 ★★★

問4 [4] 等速でない円運動の向心力
Point 最高点Cにおいては遠心力と重力がちょうどつり合う。
難易度 ★☆
頻出度 ★★★

問5 [5] 非弾性衝突
Point 衝突後，質量mとMの小球が一体となる。
難易度 ★★
頻出度 ★★☆

問6 [6] 単振動
Point 単振動の運動方程式は$ma = -k\left(x - \frac{\mu mg}{k}\right)$である。また伸びが$d$のところは振動中心に対して正の振幅が最大な場所で，自然長のところは負の振幅が最大な場所である。なぜなら，摩擦力がはたらく単振動では，振幅が最大になる位置でのみ速度が一瞬ゼロになるため，その時ばねから受ける力が最大静止摩擦力より小さければ物体が静止する。ゆえに運動時間は半周期である。
難易度 ★★★
頻出度 ★

II
問1 [7] 熱と温度・熱平衡
Point それぞれの場合で熱量の保存の式を立

解説

てば求まる。
難易度 ★
頻出度 ★★★

問2 ⑧ 熱力学第1法則・気体の状態変化

Point 状態1からピストンが上に移動した距離をxとすると，気体の圧力Pとxの間では$PS = P_0S + mg + kx$が成り立つ。気体の体積変化はxに比例するため，状態1から2への変化では気体の圧力と体積が比例し，線形的に増加する。理想気体状態方程式とピストンにはたらく力のつり合い式から状態1と2の圧力P_1とP_2が求まる。ゆえに熱量$Q = \Delta U + W = \frac{3}{2}R\Delta T + W = \frac{3}{2}h(P_0S + mg + 2kh) + P_0Sh + mgh + \frac{1}{2}kh^2 = \frac{5}{2}(P_0S + mg)h + \frac{7}{2}kh^2$。

難易度 ★★★
頻出度 ★★☆

問3 ⑨ 気体の状態変化・熱効率

Point 吸熱過程はA→BとB→Cであるから，このサイクルの吸熱量は$Q + 3P_0V_0$，気体がした仕事は$W_{BC} + W_{CA} = Q - 2P_0V_0$である。

難易度 ★★
頻出度 ★★☆

Ⅲ

問1 ⑩ 波の表し方

Point 時刻tにおける位置xの変位は
$y = -A\sin\frac{2\pi v}{\lambda}\left(t - \frac{x}{v}\right)$であるため，$x = \frac{3}{8}\lambda$を代入すれば求まる。

難易度 ★☆
頻出度 ★★★

問2 ⑪ ドップラー効果

Point 最小振動数の音が聞こえる瞬間，線分SPとOPがなす角度は30°で，速度は左下に向く。最大振動数の音が聞こえる瞬間，線分SPとOPがなす角度は30°で，速度は点Pに向く。ゆえに経過時間は$\frac{2}{3}$周期である。

難易度 ★☆
頻出度 ★★

問3 ⑫ 光の屈折

Point 屈折の法則。

難易度 ★
頻出度 ★★★

Ⅳ

問1 ⑬ 点電荷のまわりの電位

Point 点Aと点Bの電位はそれぞれ
$V_A = \frac{\sqrt{2}-1}{2}k\frac{q}{d}$と$V_B = \frac{1-\sqrt{2}}{2}k\frac{q}{d}$であるから，外力のする仕事$W = -q(V_B - V_A)$，静電気力のする仕事$U = -W$となる。

難易度 ★★☆
頻出度 ★★☆

問2 ⑭ コンデンサー

Point 板AとDの間には一様な電場ができる，その大きさは$E = \frac{V}{3d} = E_{CD}$，板Dは接地されているから，電位は0である。ゆえに電位$V_B = E_{CD} \cdot d$。

難易度 ★☆
頻出度 ★★☆

問3 ⑮ コンデンサーを含む回路

Point 抵抗R_1とR_2が消費したエネルギーの合計がコンデンサーに蓄えられるエネルギーに等しい。

難易度 ★☆
頻出度 ★★★

問4 ⑯ コンデンサーの接続

Point 電気容量3Cと4Cのコンデンサーの電圧はそれぞれ$\frac{1}{4}E$と$\frac{1}{3}E$であるため，
$V = \frac{1}{4}E - \frac{1}{3}E$。

難易度 ★
頻出度 ★★★

問5 ⑰ 電流が磁場から受ける力

Point 偶力のモーメント$L = BIa(b\cos\theta)$。

難易度 ★☆
頻出度 ★★☆

問6 ⑱ レンツの法則

Point 0〜1.0sの間Bが線形的に増加するからQからP向きに一定の電流が流れる。1.0s〜2.0sの間Bが変化しないから電流が0。その後Bが小さくなり，その変化率も小さくなるから，PからQ向きに流れる電流も小さくなる。

難易度 ★★
頻出度 ★★☆

Ⅴ
問1 [19] コンプトン効果
Point 教科書内のコンプトン効果のモデルと同じである。
難易度 ★
頻出度 ★★★

第9回

Ⅰ
問1 [1] 剛体のつり合い・偶力
Point AB部分の力のモーメントのつり合い式と小球Pの力のつり合い式から求められる。
難易度 ★
頻出度 ★★★

問2 [2] 力のつり合い
Point θ_0は摩擦角である。斜面に沿って上向きに物体に力を加え、最大摩擦力が斜面に沿って下向きにはたらく時、加える力が最大値を取る。
難易度 ★
頻出度 ★★★

問3 [3] 落体の運動
Point それぞれ水平と鉛直方向の速度、時間と変位の関係式で求められる。
難易度 ★
頻出度 ★★★

問4 [4] 等速でない円運動の向心力・垂直抗力
Point 小球が円筒面から離れず到達する最高点では、円筒面からの垂直抗力が0となり、重力の半径方向成分と遠心力がつり合う。
難易度 ★☆
頻出度 ★★★

問5 [5] 運動量保存則・衝突
Point 小球は常に弾性衝突をするため、壁との衝突では小球の速度の向きだけ変化し、2回目の衝突後、小球AとBの速度は初期状態に戻る。2回目の衝突後の速度の向きは衝突直前の向きで判断する。
難易度 ★★
頻出度 ★★☆

問6 [6] 単振動
Point 小物体AとBの運動量が保存するため、両物体の重心位置は常に真ん中に位置する。つまりこれは質量mの小物体と半分長さのばねによる単振動が左右対称にしているとみなせる。また、ばね定数kはばね長さに反比例する。
難易度 ★★
頻出度 ★★☆

Ⅱ
問1 [7] 熱と温度・熱平衡
Point 水に鉄を入れて熱平衡になる時の温度は38℃であると算出できる。次に水と鉄の熱容量の合計が算出されるため、9600Jの熱を加えた後の温度上昇は8℃であると算出される。
難易度 ★☆
頻出度 ★★★

問2 [8] 熱力学第1法則・気体の状態変化
Point 気体はまず定積変化で温度が上昇してから断熱膨張する。ゆえに気体が外にした仕事は断熱膨張する時にする仕事である。断熱膨張後の気体の温度をT_2とすると、熱力学第1法則により、仕事$W=\Delta U=\frac{3}{2}nR(T_1-T_2)$。また、初期状態と断熱膨張後の圧力が等しいため、シャルルの法則$\frac{Sl_0}{T_0}=\frac{Sl_1}{T_1}$が成り立つ。
難易度 ★★☆
頻出度 ★☆

問3 [9] 気体の状態変化・熱効率
Point 1サイクルで気体が外にした仕事$W=3P_0V_0$、熱力学第1法則より、吸熱過程A→Bの$Q=\frac{45}{2}P_0V_0$。
難易度 ★★
頻出度 ★★☆

Ⅲ
問1 [10] 波の回折
Point 回折前後の波長は同じ。また、スリットの幅が波の波長に比べて小さいほど、回折する角度が大きい。
難易度 ★
頻出度 ★★★

— 263 —

解説

問2 [11] 弦の振動
Point 弦POによる基本音の振動数はOQによる2倍音の振動数より低いため，支柱Oを左に移動すればうなりが聞こえなくなる。その時，最初のPOとOQの長さをlとすれば，
$\dfrac{v}{2(l-\Delta l)} = \dfrac{v}{l+\Delta l}$ が成り立つ。
難易度 ★☆
頻出度 ★★☆

問3 [12] 凹面鏡による像
Point 物体を移動する前の凹面鏡による像の作図を黒色とし，移動後の作図を灰色とする。

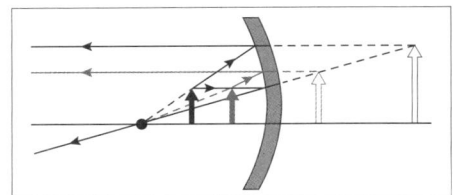

難易度 ★★
頻出度 ★

[IV]
問1 [13] 静電誘導・接地
Point 検電器は正に帯電しているので，静電誘導によりQの下側に負，上側に正の電荷が生じる。Qの下側の負電荷と反発して検電器内の自由電子がOに移動するので，Oは正電荷が減少し，開きが小さくなる。また，Qは接地されているため，$V_Q=0$。PとOには正電荷があるため，電位は正であり，金属は等電位体であることから$V_O=V_P$。
難易度 ★★
頻出度 ★★

問2 [14] コンデンサーに蓄えられる静電エネルギー
Point 図1の場合，外力による極板間距離が変化する前後の，コンデンサーに蓄えられる電気量Qが一定である。最初のコンデンサーの電気容量をCとすると，$|W_1| = \left| \dfrac{Q^2}{2(2C)} - \dfrac{Q^2}{2C} \right| = \dfrac{CV^2}{4}$。
図2の場合，Sが閉じたまま極板間距離を変化させたので，変化により電池を通る電気量は$2CV-CV=CV$。よって電池がする仕事と外力がする仕事の和がコンデンサーに蓄えられる静電エネルギーの変化に等しいから，
$CV^2 + W_2 = \dfrac{1}{2}(2C)V^2 - \dfrac{1}{2}CV^2$，$|W_2| = \dfrac{CV^2}{2}$。

難易度 ★★★
頻出度 ★★☆

問3 [15] キルヒホッフの法則・ダイオード
Point 0.5Ωの電気抵抗を流れる電流をI_1，2.5Ωの電気抵抗を流れる電流をI_2とすると，$I_1+I=I_2$，$E=0.5I_1$，$50=2.5I_2$。ゆえに$I=20-2E$。
難易度 ★★
頻出度 ★☆

問4 [16] 直流電流が作る磁場，直流電流が磁場から受ける力
Point L_3にはたらく力の向きから，電流は下向きであることが分かる。L_1とL_3にはたらく力の大きさから，電流の大きさが算出される。
難易度 ★★
頻出度 ★★★

問5 [17] 磁場中の荷電粒子の運動
Point 加速された荷電粒子が平行極板間を通過する時，電場から受ける力と磁場から受けるローレンツ力がつり合う。
難易度 ★☆
頻出度 ★★☆

問6 [18] コイルに蓄えられるエネルギー
Point Sを閉じてじゅうぶん時間が経過した後，コイルは導線とみなせられる。この時，回路に流れる定常電流によるコイルに蓄えられるエネルギーは$\dfrac{LE^2}{2R_1^2}$。その後Sを開いてじゅうぶん時間が経過すると，コイル内のエネルギーは全てR_2によりジュール熱となる。
難易度 ★★
頻出度 ★★☆

[V]
問1 [19] 素粒子
Point ダウンクォークの持つ電荷は$-\dfrac{1}{3}e$であるため，その反粒子の持つ電荷は$\dfrac{1}{3}e$である。
難易度 ★
頻出度 ★★☆

第10回

I

問1 ① **剛体のつり合い・偶力**

Point 物体が受ける力は，重力Mg，垂直抗力N，張力Tと摩擦力fである。すると，力のつり合い：$T=f$；$Mg=N$，モーメントのつり合い：$f\cdot\dfrac{a}{2}=N\cdot x$により，$x=\dfrac{aT}{2Mg}$。ゆえに重力と垂直抗力による偶力のモーメントは$Mg\cdot x=\dfrac{aT}{2}$となる。別解として，$Mg$と$N$による偶力のモーメントは，ちょうど$T$と$f$によるモーメントとつり合うため，答えは$\dfrac{aT}{2}$。

難易度 ★★
頻出度 ★☆

問2 ② **変位・速度**

Point v-tグラフの線と横軸がかこむ面積は変位となる。0sから3sまでの面積は正の変位，3sから求める時間までの面積は負の変位となり，原点にもどってくることは合計の変位がゼロを意味し，時間が求まる。

難易度 ★
頻出度 ★★☆

問3 ③ **弾性力・力のつり合い**

Point ばね定数k_1，k_2のばねの伸びをそれぞれx_1とx_2とすると，$(l_0+x_1)+(l_0+x_2)=L$。また，力のつり合い$k_1x_1=k_2x_2$によりx_1が求まる。二つのばねの合成ばね定数はk_1+k_2であり，角θがある時は$\theta=0$の場合と比べて，$mg\sin\theta$の力が加わるから，それに対応する変位がΔxとなる。

難易度 ★★
頻出度 ★★☆

問4 ④ **力のつり合い・摩擦力・慣性力**

Point リングにはたらく力は図のようになる。棒PQに沿った方向の力のつり合いは$f+m\omega^2R\cos\theta=mg\sin\theta$，棒に垂直方向の力のつり合いは$N=mg\cos\theta+m\omega^2R\sin\theta$である。$|f|<\mu N$の時，リングの棒に対する位置が変化しないため，$R$が満たすべき範囲が求められ，最小値が求まる。

難易度 ★★☆
頻出度 ★☆

問5 ⑤ **力学的エネルギーの保存・運動量保存則**

Point 水平面に到達した時，小球と台の速度をv_A，v_Bとすると，水平方向の運動量保存$0=mv_A-Mv_B$，力学的エネルギーの保存$mgh=\dfrac{1}{2}mv_A^2+\dfrac{1}{2}Mv_B^2$が成立する。壁との弾性衝突後の小球の速度$v_A'=v_A$であり，再び最高点に到達する時の小球と台の水平方向速度をV，求める高さをh'とすると，$mv_A+Mv_B=(m+M)V$，$\dfrac{1}{2}mv_A^2+\dfrac{1}{2}Mv_B^2=\dfrac{1}{2}(m+M)V^2+mgh'$が成立する。

難易度 ★★☆
頻出度 ★☆

問6 ⑥ **単振動**

Point 単振動をするおもりがつり合い位置を通過する時の速度は運動中の最大値である。振幅をA，角振動数をωとすると，速度の最大値は$A\omega$となる。また，振幅はつり合い位置からの初期変位となるから，それぞれの場合の速度の最大値が求まる。

難易度 ★☆
頻出度 ★★

II

問1 ⑦ **熱と温度・熱平衡**

Point 水が30℃から0℃に変わるのに放出する熱量は氷が0℃の水に変わるのに必要な熱量より多いため，最終的に全体は水となる。

難易度 ★☆
頻出度 ★★★

問2 ⑧ **理想気体の状態方程式・気体の内部エネルギー**

Point 容器AとB内の気体の内部エネルギーの和が保存されるため，混合後の温度$T=\dfrac{5}{3}T_0$が求められる。次に混合前後の理想気体の状態方程式と1つの気体分子がもつ平均運動エネルギーの式から答えが求まる。

難易度 ★★☆
頻出度 ★★☆

問3 ⑨ **気体の状態変化・熱効率**

Point 定積モル比熱と定圧モル比熱はそれぞれC_vとC_pであるため，気体1サイクルの中でする仕事$W_{BC}=nC_v(T_B-T_C)$，$W_{CA}=n(C_p-C_v)(T_A-T_C)$となり，吸熱量$Q_{AB}=nC_v(T_B-T_A)$と

解説

なる。最後に比熱比 $\gamma = \dfrac{C_p}{C_v}$ を用いれば，熱効率が求まる。
難易度　★★☆
頻出度　★★☆

III

問1　10　波の伝わり方・縦波
Point　進行方向に山から谷の間で横軸と交差する点が最も密の点。最も疎の点が左向きの最大速度を持つ。変位が最大の点（山と谷）の速度が0である。
難易度　★☆
頻出度　★★★

問2　11　弦の振動
Point　3個の腹をもつ定常波ができるのは弦が3倍振動をする時である。
難易度　★
頻出度　★☆

問3　12　光の干渉・ニュートンリング
Point　レンズの中心線からの距離 r の円周上の位置に2つ目の明線が見えるため，$\dfrac{r^2}{R} = \left(1+\dfrac{1}{2}\right)\lambda$ が成り立つ。
難易度　★★
頻出度　★

IV

問1　13　電場中の不導体
Point　不導体の内部の電場は周りの電場より小さいため，内部の電気力線の本数は物体に入ってくる本数と物体から出ていく本数より少ない。
難易度　★★
頻出度　★★

問2　14　コンデンサーに蓄えられる静電エネルギー
Point　Sを閉じたまま金属板を挿入したため，電池を通る電気量は $2CV-CV=CV$ である。電池のする仕事＋外力のする仕事＝金属板挿入後のコンデンサーに蓄えられる静電エネルギー－金属板挿入前の静電エネルギーである。つまり $CV+W=\dfrac{1}{2}(2C)V^2-\dfrac{1}{2}CV^2$ であり，W が外力のする仕事である。
難易度　★★☆

頻出度　★★☆

問3　15　非線形抵抗を含む直流回路
Point　点AとBを流れる電流は同じであり，それを I とすると，抵抗 R 両端の電位差 $V=25-200I$ となる。この式を満たす直線を図1に描くと交点が電圧15[V]，電流0.05[A]のところであることが分かる。それが抵抗 R 両端の電位差と流れる電流である。
難易度　★☆
頻出度　★★

問4　16　直流電流が作る磁場，直流電流が磁場から受ける力
Point　右ねじの法則により導線Aを通る磁場の向きを求め，フレミングの左手の法則により力の向きを求める。大きさは公式 $F=\mu H I l$ で容易に求まる。
難易度　★☆
頻出度　★★★

問5　17　磁場中の荷電粒子の運動
Point　荷電粒子は時計回りにまわり，y 軸の負の部分と交わる。そして y_1 の大きさは磁束密度が $\dfrac{B}{2}$ の領域内での半径に等しい。t_1 は磁束密度が B の領域内での1周期と $\dfrac{B}{2}$ の領域内での半周期の和に等しい。
難易度　★★
頻出度　★★☆

問6　18　相互誘導
Point　Pに対するQの電位の大きさは $|V|=M\dfrac{\Delta I_1}{\Delta t}$ で求まる。正負はレンツの法則によって判断する。
難易度　★☆
頻出度　★☆

V

問1　19　素粒子
Point　教科書内の対消滅と対生成の定義を参考にしてください。電子と陽電子の質量分のエネルギーが2つの光子のエネルギーになるので，$mc^2 \times 2 = \dfrac{hc}{\lambda} \times 2$ が成り立つ。
難易度　★★
頻出度　★

本書編集部「名校志向塾」の実績紹介

2022年度 東京大学学部合格者 11名

合格おめでとうございます！

	合格者数	本学出身者
文系1類	5名	2名
文系2類	2名	2名
文系3類	6名	2名
理系1類	4名	2名
理系2類	6名	3名
合計	23名	11名

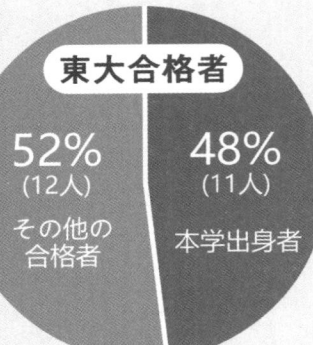

東大合格者
52% (12人) その他の合格者
48% (11人) 本学出身者

TOP校を目指すあなたへ

名校志向塾だからできる！

☑ 対面指導　　☑ オンライン指導

EJU対策のほか、
国立大、早慶、明青立法中など、
様々な**大学の2次試験**まで対応！

- 志望理由書対策
- 併願校対策
- 小論文対策
- 最大12年分の過去問演習
- 口頭試問・面接対策
- 少人数クラス・個別指導・日本語対応

日本国外在住学生OK！

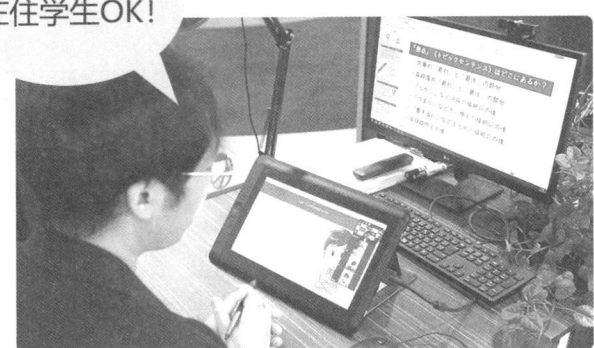

名校志向塾で一流レベルの講義を体験してみませんか？

電話　03-5332-7836（日本語OK）　　Kakao Talk

㈜해외교육사업단 발행 도서

대형 서점 일본유학시험(EJU) 부문 연간 베스트셀러 다수!

일본유학시험(EJU)
2023년 1회 기출문제

일본유학시험(EJU) 대비 개념서 하이레벨
종합과목 개정 제2판

일본유학시험(EJU) 대비 개념서 하이레벨
이과 물리·화학·생물 개정판

일본유학시험(EJU) 대비 개념서 하이레벨
수학 코스1

일본유학시험(EJU) 실전문제집
일본어 기술·독해 vol.1

일본유학시험(EJU) 실전문제집
일본어 청독해·청해 vol.1

일본유학시험(EJU) 실전문제집
종합과목 vol.1

일본유학시험(EJU) 실전문제집
수학 코스1 vol.1

일본유학시험(EJU) 실전문제집
일본어 기술·독해 vol.2

일본유학시험(EJU) 실전문제집
일본어 청독해·청해 vol.2

일본유학시험(EJU) 실전문제집
종합과목 vol.2

일본유학시험(EJU) 일본어 단어·어휘 10000어

▶ 판매처 : 교보문고, 영풍문고, 예스24, 알라딘, 인터파크 (각 서점 및 사이트에서 구입 가능)

▶ 해외교육사업단 : 전화 02-552-1010/ 팩스 02-552-1062/ 이메일 hedc@hed.co.kr

▶ 도서 발행 정보 : www.hedgroup.co.kr

 **EJU 수험생 필독서**

「일본유학시험(EJU) 일본어단어·어휘10000어」

온라인 테스트 10,000 문제 제공!

▶ 국내 유일의 EJU 단어집!

▶ 일본어 학습자를 위한 궁극의 단어집!

▶ 12년분 EJU 출제 단어 빈도순 수록!

▶ EJU 중요 키워드 수록!

▶ 음성 녹음 파일로 생생한 일본어 학습 가능!

▶ 본 시험에 가까운 예문 수록!

▶ 단어 암기용 셀로판지 포함!

(주)해외교육사업단 발행 | 536페이지 | 정가 20,000원

일본유학시험(EJU) 실전문제집 10회분 시리즈

| 일본어 기술·독해 | 일본어 청독해·청해 | 종합과목 | 수학 코스1 | 수학 코스2 |

[판매처] 교보문고, 영풍문고, 예스24, 알라딘, 인터파크(각 사이트 검색 가능)

유명 EJU 학원 메코시코주쿠의 다년간의 노하우가 담긴
국내 유일의 EJU 일본어 문법 도서

일본유학시험(EJU)
일본어 문법과 표현

일본어 초보자에서 상급자까지
단계적 학습 유도!

EJU 일본어 독해, 유명 대학 본고사의
기출문제 수록!

반복적인 보충 설명으로 상세한 해설!

일러스트로 재미있고
쉽게 이해되는 문법 공부!

아나운서와 성우가 참여해 녹음한
예문 음성파일 제공!

1,200개 이상의 확인 테스트 문제 제공!

(주)해외교육사업단 발행 | 516페이지 | 25,000원

일본 대학 진학 및 본고사 대비에 필요한 문법과 표현 총정리!

▶ EJU, JLPT, 대학 본고사 대응을 위한 일본어 종합문법

▶ 기초에서 응용 , 초일류 대학 입시 레벨의 문법까지 총정리

▶ 요점 정리 노트 스타일과 일러스트로 쉽게 이해할 수 있는 해설

▶ 일본「국문법」과 외국인용「일본어 교육 문법」을 동시 취급

▶ 본시험에 가까운 예문 및 필수 문형 표현으로 실전력 향상

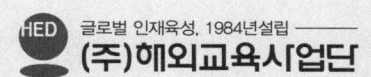

일본유학시험(EJU) 실전문제집
이과 물리 Vol. 1

초판발행일 : 2024년 2월 26일(1쇄)

저　　　자 : 메코시코주쿠 (名校志向塾)

발　행　인 : 송 부 영

발　행　처 : (주)해외교육사업단

출 판 등 록 : 제16-1456호

주　　　소 : 서울시 서초구 강남대로 381

전　　　화 : 02-736-1010

이　메　일 : song@hed.co.kr

홈 페 이 지 : www.hedgroup.co.kr

---

* 본사에서는 소중한 원고, 새로운 기획의 제안을 기다리고 있습니다.
* 이 책은 저작권법에 의해 보호를 받는 저작물이므로 무단 전재와 복제를 금합니다.
* 잘못된 책은 구입하신 서점이나 본사에서 교환해드립니다.